U0601755

阅读　你的生活

光环背后

Identity Formation
and Academic Practices

A Survey of Returnee Scholars in Journalism and Communication

中国新闻传播
海归学者的
身份认同与学术实践

苗伟山 著

中国人民大学出版社
·北京·

本书系人大"双一流"建设

马克思主义新闻观创新研究成果（项目号：MXG 202309），

亦为中国人民大学科学研究基金（中央高校基本科研业务费

专项资金资助）项目成果

目　录

第一章｜引言

作为全球化背景下的重要研究对象，"海归"学者不仅象征着知识的跨国流动，也承载着政策期许和公众期待。然而，在这层光环背后，他/她们的职业发展、学术适应及社会融入常常充满挑战。

本章围绕我国新闻传播领域海归学者的既有研究和现实情况进行讨论，强调从社会文化的视角分析这个特殊群体的必要性和重要性。

一、问题意识：看见人的故事

我们一起来听一则海归学者的个人故事，从而开启对海归身份光环化现象的反思。

这一具体案例不仅揭示了社会对海归身份的制度性认同与群体性期待，更凸显了海归学者主体性叙事的重要性。研究表明，海归这一身份标签远非单一的荣耀象征，其背后蕴含着复杂的个体经验与多元的身份认同困境，这些要素往往会被主流话语遮蔽。

（一）海归学者张老师的故事

2014 年，张老师从美国留学归来，在一所知名高校的新闻传播学院担任教职，我们因为一场讲座而结缘。当时，他作为主讲人，凭借丰富的专业知识和卓越的学术素养，给在场师生留下了深刻印象。讲座结束后，身边的朋友低声对我说："海归老师就是不一样。"虽然我们当时并没有细究这个"不一样"究竟指的是什么，但不可否认的是，"海归"这两个字仿佛自带光环，承载着某种特殊的象征意义。那天，站在聚光灯下的张老师，正以耀眼的姿态展现着这一身份带来的独特魅力。

现在回想起来，我们对海归学者的尊敬和崇拜，实则与教育中有关海归群体的正面叙事密不可分。在我们的传统观念里，海归往往被描绘为走出国门、汲取先进知识、励精图治、推动社会发展、报效国家的重要力量。这样的叙事赋予海归学者一种特殊的使命感和象征意义，使他/她们在公众眼中仿佛拥有了改变社会的独特能力和责任。

2024年，再次反思这一幕时，最近发生的一件事让我对其有了更深的感触。一位美籍华裔学者向我描述了她在美国遭受的不公正待遇：

> 他/她们（美国人）以自我为中心，你在其他地方取得的学位或者教学经验，甚至你以其他国家为研究对象的文章，似乎都被视为非主流、低人一等。

讽刺的是，她回国后则得到了"座上宾"的待遇，包括在各大高校举办巡回讲座，以及受到国内老师和学生的热烈追捧，用她的话来说：

> 好像因为我是从美国回来的，就代表着全球学术的前沿和中心。其实我的研究在美国（学术界）也比较边缘。

这让我意识到：在中国，我们赋予海归学者的身份光环，某种程度上受到了全球秩序和我们头脑中的世界等级秩序的影响。在许多人眼中，海外的教育与知识代表着先进性，留学归来的学者因此被视为拥有更丰厚的文化资本和更突出的能力。这种对西方发达国家的崇拜，既体现了我们对知识的渴望，也在无形中塑造了我们对"海归"这一身份的重视与认同。很显然，这位华裔学者个人的遭遇体现了中国和美国在这个不知不觉中建构起来的世界等级秩序中的不同位置。

随着时间的推移，我和张老师逐渐从师生关系发展为同行和朋友，互动也越加频繁。一天，我提到2014年的那场讲座以及当时的感受，张老师笑着说道：

> 是不是现在对我祛魅了？其实大家都是普通人，"海归"不过是一个经历和身份罢了。

他的话语轻松而自嘲，却也带着一丝深意，仿佛在提醒我，我们对海归身份的崇拜和期待，或许只建立在某种刻板印象上，在外界所赋予的光环背后，是更为复杂、真实的学术人生。

张老师的一番话，让我回忆起了与其他海归学者交流时的一些片段。一位相识已久的海归老师略带尴尬地对我说："不好意思，不能请你来家里，住的地方太小，连一个能让你坐下的地方都没有。"这句话背后，隐隐透露出一种生活的局促和无奈。我开始意识到，这些曾被我们视为"成功人士"的学者，可能在许多方面并不如想象中那样光鲜亮丽。

另一位年轻的海归老师在访谈中坦言，他并没有太多的学术理想，科研对他来说更像是一份工作，他会选择那些容易发表的论文选题，投稿给那些学校认可并给予奖励的期刊。这种对学术的功利性态度与我曾经的理想化认知发生了冲突，让我感受到了一种无形的落差。

还有一位辗转于多所高校的海归学者，不断向我倾诉自己对学术界的失望与迷茫，觉得自己始终无法融入国内学术圈，甚至对自己当初选择学术道路感到后悔。

这些话语让我感到震撼，也让我意识到，在外界赋予的光环的背后，海归学者的真实面貌远比我们想象中的复杂。他/她们并非只是拥有光鲜亮丽的海归身份，背后也有着生活的不易、学术的困惑和自我认同的挣扎。在看似充满光环的海归身份的背后，是充满希望、挣扎、妥协和反思的普通人的生活。这些生活，也许并不像我们所期待的那样完美无瑕，但正是他/她们的故事和情感，构成了更真实、具体和丰富的学术世界。

（二）有关海归学者的两种主流话语

访谈中，一位海归学者敏锐地指出，目前针对"海归"的大众话语和新闻报道往往陷入了两种主流话语：

一方面，海归学者常常被"光环化"，这个群体被塑造为海外求学的成功典范，对他/她们的叙事强调他/她们国际化的学历、卓越的成就，甚至将他/她们纳入"放弃国外优渥待遇，毅然回国报效祖国"的爱国主义叙事。这种叙事赋予了他/她们崇高的社会价值，并加深了公众对他/她们作为"国家栋梁"的期待，仿佛海归学者的存在本身就是为国家的繁荣和发展提供动力。

另一方面，另一种话语则将海归学者"工具化"，将他/她们视为优质的人力资源，强调他/她们在国家战略中的重要作用。大量研究集中在分析如何通过政策吸引海归回国（Ma，Pan，2015），以及他/她们回国后的学术产出和业绩表现（孟晋宇，陈向东，

2017；余广源，范子英，2017）。这种工具化的叙事虽然为政策制定提供了实证依据，却不可避免地忽视了海归学者作为能动主体的生命历程与身份认同的复杂性。

这两种话语体现的态度都存在一种自上而下的考量，遮蔽了海归学者自身的声音：

他/她们如何理解国家政策？

他/她们在回国后遇到的实际困难是什么？

他/她们采取了哪些策略去应对这些困难？

他/她们如何评价自己回国后的选择与职业发展？

正如有的研究者（Robertson，2010）所强调的，海归学者并非单纯的"资源"，他/她们具备积极调动各种资源与制度进行协商的能力，我们必须重视他/她们作为社会与政治主体的能动性。

更重要的是，如果仅仅将注意力局限于海归学者的回国过程和学术产出，就忽视了其本身的动态性与复杂性。

大量文献已经证明，海归学者回国并非只是简单的地域迁徙，还进一步涉及文化再适应、身份调整和社会融入等层面的挑战与困难（Ai，Wang，2017；Leung，2017；Xu，2009；金兼斌，王珊珊，2005）。这些挑战不仅体现在学术领域，也交织在他/她们与本土学术界、社会文化的关系中。

无论是重新定位生活方式和价值观念，还是在学术生产中遭遇碰撞，海归学者的回归都是一个充满张力、动荡和调整的过程。因此，研究海归学者的故事，不能仅仅停留在其归国后的成就和贡献上，更应关注他/她们在这段历程中的复杂心理与真实感受。

（三）研究海归学者的价值

本书以我国新闻传播领域的海归学者为研究对象，聚焦分析他/她们的归国故事与经验。

从社会文化视角出发，本书基于 2014—2024 年对超过百名海归学者的访谈，着力展示这些学者作为具体个体的真实生活与复杂经历，讲述他/她们的甜蜜与苦涩、梦想与彷徨。这样的分析不仅揭示了海归学者在归国后面对的机遇与挑战，也从多个维度丰富了我们对这一群体的认识，为学术领域贡献了新的知识视角。

本书的学术和现实价值体现在三个方面：

首先，在政策层面，随着中国成为仅次于美国的世界第二大研发经费投入国（陆娅楠，2018），国家和地方政府纷纷出台各类人才引进政策，以吸引更多的海归学者回国（Tai，Truex，2015）。然而，随着越来越多的海归学者回国，核心问题已经从如何吸引人才转变为如何留住优秀人才，以及如何帮助他/她们更好地适应本土环境，发挥专业优势，进而促进社会与学术的共同发展。对这些问题的解答，迫切需要一种基于社会文化视角的过程性考察。

本书使用了 2014—2024 年的跟踪性数据，契合了这一过程性考察的需求，提供了一个全新的视角，让我们能够从长期的动态过程入手，更加全面地理解海归学者在归国后所面对的学术发展、社会适应和文化融合等多维度的机遇与挑战。本书不仅关注海归学者的学术产出和职业成就，更着眼于他/她们个人层面的成长与蜕变，探索他/她们如何在国际化与本土化之间找到平衡，如何在复杂的社会文化背景下重新塑造自我身份。本书期望为学术界和政策制定者提供深刻的洞察与启示，帮助我们更好地理解海归学者的多样化需求与期望，从而为他/她们的顺利回归和长远发展创造更加有利的环境。

其次，在研究对象和学术领域层面，现有的研究大多针对自然科学领域的海归学者，而近年来人文社科领域的海归学者人数在逐渐增多。不同学科间存在差异，自然科学如物理、化学和生物学等的知识内容具有较强的国际通用性，因此海归学者相对容易适应全球化的学术环境；而人文社科领域不可避免地涉及地方性知识、本土化情境和其他的特定语境，因此，人文社科领域的海归学者所面临的挑战和困难往往不同于自然科学领域的同行，例如如何在国际化与本土化之间找到平衡。对人文社科领域海归学者所面临的独特问题的探索，将大大丰富我们对海归学者的认知。

具体来说，本书选取了新闻传播领域的海归学者作为考察对象。虽然有学者认为，具有海外学习背景的学者已经逐渐成为这一学科的主力军（吴飞，丁志远，2011），但我们对这个群体的了解仍然非常有限。已有的一些研究表明，海归学者在国内的学术场域中，常常处于"夹缝中求生存"的状态（金兼斌，王珊珊，2005），他/她们在复杂的本土学术环境和知识生产体系中面临诸多挑战（李红涛，2013）。有些海归学者甚至不得不通过在国际期刊上发表论文来寻求学术上的公平性和良性互动（Jia et al.，2017）。此外，新闻传播学的特殊性也为我们提供了一个独特的研究视角。与经济学、心理学等已建立标准化研究范式的学科相比，作为一门既关注全球视野又紧密联系本土文化的学科，新闻传播学的知识生产具有显著的混杂性特征，这种学科特征使得新闻传播领域的海归学者面临着独特的学术定位困境，往往要在国际化与本土化的张力中不断寻找自己的位置。这一学科的内在张力和复杂性，使其成为研究海归学者的绝佳场域。

最后，在学术讨论层面，本书将为与海归学者相关的多个话题的探讨提供更为深入和丰富的视角。例如，在学术身份认同方面，海归学者如何在学科、知识、文化和国家等不同层面处理和调适自己的身份？他/她们的学术身份是否是由海外背景和国内情境的碰撞所塑造的？这些问题将有助于我们理解全球化背景下学者身份的多重性和流动性。在全球人才流动的背景下，本书也将为关于全球高技能人才特别是学术人才流动的讨论提供新的视角。全球化已促使信息、物品、服务和人才跨越国界自由流动，而高技能人才成为各国争夺的关键资源（Zweig et al.，2004）。中国作为全球人才流动的重要参与者，海归学者的海外经历和回国后的本土学术实践能够挑战并拓展我们对全球人才流动的理解。基于对海归学者的研究，我们可以更好地探讨全球化如何在不同国家和文化中产生不均等的影响，以及不同国家如何利用这些高技能人才来推动自身的发展。

此外，本书还将质疑并丰富现有文献中关于学术资本的讨论。许多主流研究认为海归学者的海外学历和经验可以直接转化为学术资本或文化资本，忽视了实际操作中的复杂性和差异性。海归学者如何理解自己所持有的学术资本？这些资本在不同的学术环境中如何发挥作用？不同类型的海归学者是否拥有相同的学术资本？对这些问题的探讨将揭示学术资本在不同社会情境中的多样性，帮助我们更准确地理解全球化背景下的学术竞争和文化转化。最为重要的是，这些问题的答案将来自被研究者自身。这些海归学者的亲身经历和反思，不仅能让我们反思抽象的学术概念如何在复杂的社会情境中得到体现，还能让我们意识到这些概念在不同文化和社会背景下如何成为理解现实的独特视角，甚至在某些情况下，成为遮蔽甚至扰乱现实的"紧箍咒"。

通过以上这些深入的讨论，我们可以更好地理解海归学者的多维身份、学术资本的流动及其背后的社会和政治逻辑。

二、研究对象：多样化的海归学者

本节我们进一步探讨海归学者的多样性，从代际、地理及性别与阶层三个维度，详细刻画不同海归学者在学术轨迹和社会适应等方面的异同。

海归学者作为一个抽象的身份标签，常常让人忽视其内部的丰富性、复杂性和多样性。实际上，海归学者并非一个同质化的群体。我们在描述和分析他/她们的经历、所面临的挑战以及应对策略时，必须意识到，他/她们的身份是由多种因素交织而成的。这些因素包括他/她们所处的历史时期、留学的目的地、回国后所在的地区与组织，以及性别、阶层等社会背景。这些因素共同塑造了他/她们的独特经历和面临的不同挑战。因此，本节将从三个方面对中国的海归学者进行分类聚焦，描绘他/她们的多样特点和生动面貌。

（一）代际维度

在高等教育机构中，学者的年龄各不相同，年轻的学者和年长的学者在不同的时代进入行业，遇到了不同的职业机会，遵守不同的学术规范，并以不同的方式体验他/她们的学术工作（Huang，2021）。基于对代际多样性的理解，曼海姆的代际理论提供了一个宝贵的视角，作为一个社会学概念，其关注的是不同时代的人的差异（Mannheim，1952），帮助我们探索这些代际差异如何体现在中国学者的行为和实践中。

中华人民共和国成立后，尤其是1978年改革开放以来，我国逐渐向外界敞开大门，引进西方先进的科技、管理经验以及文化理念。在这一背景下，海归学者的数量逐步增加。

在代际理论的启发下，按出国留学的时间划分，本书将我国的新闻传播海归学者粗略地分为三类：20世纪70年代至20世纪90年代的资深学者，20世纪90年代至2010年左右的中坚力量，以及2010年左右至今的青年学者。

1. 资深学者

20世纪70年代至20世纪90年代，中国掀起了出国留学的热潮。许多学者前往美国及其他西方国家深造，理工类和技术类专业成为留学的热门选择。与此同步，在新闻传播领域，也涌现了一批赴外学习的学者。这些学者成为中国新闻传播学早期发展的重要推动者。例如，中国人民大学的郭庆光教授（1983年赴日本东京大学留学）、北京大学的李琨教授（1986 年赴美国俄勒冈大学留学）、北京大学的杨伯溆教授（1987 年赴加拿大温莎大学留学）、上海交通大学的葛岩教授（1987 年赴美国匹兹堡大学留学）、中国传媒大学的陈卫星教授（1988 年赴法国阿尔卑斯大学留学）、清华大学的熊澄宇教授（1990 年赴美国杨百翰大学留学）以及崔保国教授（1990 年赴日本东北大学留学）等，都是这一时期新闻传播领域的先锋人物。

这些学者不仅在海外接受了多元化的学术训练，还通过编写教材、翻译经典著作和引介最新的国际理论和概念，极大地推动了我国新闻传播学的发展。例如，郭庆光教授的《传播学教程》成为国内学子的必读教材，崔保国教授和李琨教授共同翻译的《麦奎尔大众传播理论》也成为新闻传播领域的重要参考书。这些学者为中国新闻传播学的本土化和国际化架起了桥梁，也为下一辈学者的研究奠定了坚实的学术基础。

2. 中坚力量

20 世纪 90 年代至 2010 年左右，我国赴外留学的学者数量迅速增长，这一阶段留学的学者，目前是国内新闻传播领域的中坚力量。随着改革开放的深入以及中国经济的崛起，特别是中国加入世界贸易组织，越来越多的学者选择赴海外深造，人文社科领域的研究逐渐得到重视。与此同时，国家对新闻传播学的需求也日益增长，伴随而来的是大量学者归国发展，他/她们的专业知识和国际视野为中国新闻传播学的发展注入了新的动力。这一时期，许多优秀的新闻传播学者选择赴欧美发达国家或香港地区①深造。学者们的研究背景逐渐从传统的自然科学扩展至社会科学领域，尤其是传播学、新闻学和大众传媒领域。

清华大学的史安斌教授（1996 年赴美国宾夕法尼亚州立大学留学）、北京大学的吴靖教授（1997 年赴美国艾奥瓦大学留学）、清华大学的金兼斌教授（1998 年赴香港浸会大学留学）、复旦大学的孙少晶教授（2000 年赴美国肯特大学留学）、浙江传媒学院的韦路教授（2004 年赴美国华盛顿州立大学留学）等学术同人是这个阶段的代表性人物。这个时期也是我国高等教育快速发展以及新闻传播学蓬勃发展的重要时期，这些海归学者在回国后迅速成长为高等院校的科研骨干，为推动我国新闻传播学的规范化和专业化发展做出了巨大贡献。

3. 青年学者

2010 年左右至今，随着教育国际化的深入发展，出国留学已不再是一个遥不可及的梦想。越来越多的学生选择在本科或硕士毕业后继续深造，尤其在新闻传播学这一学科领域，许多学者在海外接受了系统的学术训练并积累了丰富的科研经验。同时，我国对于海归学者的关注也日益增强，国家出台了一系列优惠政策吸引其回国，这些政策为人才回流提供了有利的条件，促进了学术界的创新

---

① 香港是中国的特别行政区，从严格的意义上说，在香港留学不完全符合传统的"海归"概念。但香港的教育体系、文化环境高度国际化，与内地存在显著的差异。教育部规定，经教育部留学服务中心认证后，在政策待遇和实际就业中，香港留学生通常被视同海归，可享受类似优惠。一些地方的人才政策也会明确规定，香港留学人员属于海归。

与发展。在这一代海归学者中，代表性人物有：清华大学的张莉教授，上海交通大学的牟怡教授，中国人民大学的闫岩教授，北京师范大学的闫文捷教授，复旦大学的姚建华教授、李红涛教授，浙江大学的洪宇教授，华中科技大学的袁艳教授、徐明华教授，华南理工大学的曹小杰教授，四川大学的黄顺铭教授，等等。

与他/她们的前辈相比，这一代学者更为年轻化，他/她们往往在硕士甚至本科毕业后便赴海外留学。有些学者在海外取得了教职，积累了较为丰富的教学与科研经验，有些甚至已经成为所在学科领域的佼佼者。这些年轻的海归学者，在学术训练上更加扎实，研究方向也更加聚焦和深入。他/她们往往在各自的专业领域中进行了深入的探索与分析，取得了一系列令人瞩目的成绩。这些学者的研究也更加多元化，不仅在传统领域——如传播学理论和新闻史等——做出了杰出贡献，还积极开拓新的研究方向，如数字传播、媒介与社会变迁、新媒体传播等，填补了国内学术研究中的空白。

（二）地理维度

除了时间上的代际差异，地理差异也是划分海归学者类别的一个重要标准。本研究采用双重地理维度进行分类：其一是基于留学目的地的区域划分，其二是基于归国后就职地区的区域划分。这一分类方式不仅有助于我们理解海归学者的异质性，更能揭示学术资本在地理空间中的不均衡分布与再生产机制。

这种异质性所带来的影响，可以借助布尔迪厄的场域理论（Bourdieu，1984）来深入分析和理解。布尔迪厄的场域理论认为，场域是一个共享特定利益和问题的立场空间，在这个空间中，所有参与者都会争取获得某种"特定资本"（如政治资本、知识资本等）。获得这些特定资本的机会，取决于个体所拥有的基本资本的数量，基本资本包括经济资本、文化资本、社会资本和象征资本等。

对于海归学者而言，在海外留学的过程中所获得的资本是他/她们进入中国学术场域的重要凭证。然而，这种进入并非简单的无缝衔接，而是嵌在教育领域的地缘政治和等级制度中的一种复杂的转化过程。海归学者的学历资本进入国内学术界时，并非只体现在出境和入境的护照签署与学历认证这一层面，更重要的是不同场域对学历资本的辨识、判断和诠释。

例如，一些国内高校在招聘过程中，往往会根据应聘者毕业院校的世界排名来设定门槛。在这种以西方为中心的排名体系的限制下，网络和大众话语中出现了对留学地区的潜在"歧视链条"：美国＞英国＞加拿大＞澳大利亚/新西兰＞欧洲＞日本/韩国＞东南亚地区等。这一排名体系，虽然并非显性规定，却在学术界的招聘工作和成果评价中产生了深远影响，形成了某种潜规则。

在这种地区差异的影响下，海归学者个体的差异性和独特性往往被抹掉了。毕业院校所在的地区，成了他/她们进入国内学术界时的主要评价标准和"兑换资本"。例如，一位毕业于美国常春藤名校的学者，往往能凭借其所拥有的"北美背景"在国内获得更多的机会，而来自东南亚国家的海归学者，尽管在学术能力上可能同样优秀，但往往面临更多的质疑。这种差异不仅影响了海归学者在国内学术界的立足，也在一定程度上塑造了他/她们的学术路径。

但是，如布尔迪厄的场域理论所带来的启发那样，资本之间的关系并非静态，而是在不断地相互转化和兑换。对于那些毕业院校排名不占优势的海归学者来说，他/她们往往面临更大的挑战，需要寻找其他途径来增强自己在国内学术界的入场资本。一种常见的策略便是通过"多多益善"的论文发表来弥补他/她们在学历和院校声誉上的不足。这些学者通常会通过发表大量学术论文，尤其是在高影响力期刊上发表论文，来增强自己在学术界的"可见度"和"影响力"。这种策略能够在一定程度上弥补他/她们因毕业院校排名较低而可能面临的评价偏差，使他/她们在竞争激烈的国内学术界获得更多的认可。例如，一位毕业于非世界顶尖大学的海归学者，如果能够在国际期刊上频繁发表有影响力的研究成果，他/她便能够通过这些"学术资本"的积累，在国内学术界获得更多的关注和晋升机会。

除了毕业院校的地区和排名差异外，海归学者在国内所就职的高校和所在的地区也成为影响他/她们个人发展的关键因素。与美国许多知名学府分布在小城市或郊区大学城的情况不同，我国的顶尖高校大多集中在北上广等一线城市。这些城市不仅有着丰富的文化和社会资源，还聚集了大量的经济与学术资源，因此，选择一个优质的平台对于海归学者而言，意味着他/她们能够站在更大的舞台上，获得更高的社会可见度。例如，知名高校及其所在的一线城市中，学术氛围浓厚，学术资源丰富，学者不仅能够接触到最前沿的研究动态，还能与领域内的顶尖学者进行交流与合作。这些高校和地区也往往更愿意投资和支持学术研究，为学者提供更好的科研条件，如充足的研究资金、先进的实验设施以及更多的学术交流机会。此外，身处这样的平台，还能够引起更多优秀的学生和同行的关注，提升自己的学术声誉和影响力。

然而，对于一些选择了地方性高校的海归学者而言，他/她们可能面临资源匮乏、学术氛围较弱等挑战。尽管一些地方性高校也致力于吸引海归学者，以提升自身的学术水平，但相较于身处一线城市的顶尖高校，这些院校往往在科研投入、学术网络建设以及国际化上存在一定的弱势。因此，海归学者的学术发展往往会受到所就职高校和所在地区的限制。这也揭示了布尔迪厄场域理论中的一个关键点——资本和资源的分布不均。不同高校和地区的学术场域赋予了海归学者不同的资源和机会。站在一个资源丰富的平台上，海归学者不仅能够在学术界获得更多的资本积累，也能够借此推动个人的学术事业向更高水平发展。

（三）性别与阶层

除了时间上的代际差异、空间上的场域差异之外，性别、阶层和族裔等多重身份因素也深刻影响着海归学者的学术实践与身份认同。这些因素的交织作用使得海归学者群体内的差异性更加突出。交叉性理论（Crenshaw，2013）为我们理解这一现象提供了重要视角。该理论认为，虽然某一社会类别的个体可能共享一些共同特征，但在族裔、国籍及其他维度的交织作用下，个体之间的差异随之被放大。因此，性别、阶层和族裔等多重身份因素在海归学者群体中的交织，塑造了每位学者独特的学术轨迹。

在我国，性别问题一直是学术界中长久存在的议题。尤其是在新闻传播领域，女性学者面临的代表性不足问题尤为显著。香港中文大学的苏钥机等学者对大陆地区、香港地区、台湾地区学术期刊以及与华人传播密切相关的海外的 11 本学术期刊进行了长达 6 年的论文分析，发现男性作者（51.5%）的占比远高于女性作者（29.2%）。这一性别差异在大陆地区的期刊中表现得尤为明显，例如《新闻与传播研究》中的男性作者占比为 69.2%，而女性作者为 30.4%；《国际新闻界》中的男性作者占比为 71.1%，女性作者为 27.4%。

这一现象不仅体现在学术出版中，还体现在学术职场中。尽管在我国新闻传播领域的师生中，女性学者人数居多，但她们在职位晋升、学术影响力和学术资源分配上依然面临巨大的困难。虽然目前没有专门针对我国新闻传播领域女性学者的数量统计和对其学术实践的系统探讨，但根据其他领域的相关成果可知，女性学者在本土职场中面临的性别偏见和不公平现象普遍存在。例如彭雨竹等人（Peng et al.，2023）分析了知乎上关于女博士的话题，指出在这些话题中，女性学者往往被性别化地讨论，强调她们的性吸引力，并将这一特征与她们在职场中的职业发展联系起来。此外，在旅游学领域，也有研究发现晋升到高级职位的女性学者远少于男性学者。教授职位、博士生导师职位和部门领导职位等大多由男性占据（Xu et al.，2017）。造成这种性别偏见的可能原因之一是，男性主导的职场环境中，女性的性别身份往往被视为与专业性不兼容（Miao，Tian，2022）。在现实中，女性学者在科研和生活中的负担也更为繁重，除了学术研究，她们常常被分配更多的沟通、行政工作并更多地担负着家庭方面的责任。这些额外的任务占据了她们的科研时间，影响了她们在学术领域的专业发展和职位晋升。

相较于性别因素，社会阶层可能是一个更加隐形却又影响深远的因素。随着全球化的推进和中产阶级的崛起，出国留学已经逐渐成为一个更为普遍的选择，但高额的学费、生活费，以及长期的求学时间、沉没成本和归国后薪资与投资之间的不成比例，使出国留学可以被归为相对"昂贵"的选择。尽管对于学术界特别是新闻传播领域，海归学者的家庭背景尚无具体的统计数据，社交媒体上也经常流传着农村籍学生获得海外知名大学全额奖学金的故事，但我在长达十年的研究中发现，真正来自农村、家境贫寒的海归学者数量很少。正如一位受访者提到的，社会阶层作为一个关键变量，在许多重要决策中往往起着筛选的作用：

> 如果出身贫寒，考大学时大概率会选择理工科等更为"实用"的专业，而不是文科类专业。至于深造与就业间的选择问题，更多的人会倾向于选择先就业，解决生存问题，而非单纯追求学术理想。

这一观察与相关研究结果一致，有研究者指出，我国的学术界长期以来由来自城市的中上阶层学者主导，他/她们从小就享受着家庭在教育上的高质量投资和支持（阎光才，2017）。

然而，在我们的访谈中，也有一些海归学者自嘲为"小镇做题家"，坦言自己来自农村家庭。类似于对精英大学中农村籍学生的研究（谢爱磊，2016），这些海归学者在求学期间往往更加专注于学习，将学术成果视为自我实现的途径和社会资本的主要来源。正如一位受访者所言：

> 学术成果不仅是我个人成就感的体现，还是我在社会中获取认同和价值的关键途径。

这些海归学者深知，学术成就与社会阶层之间的关系错综复杂，取得学术成果不仅仅是个人能力的体现，还是他/她们打破阶层束缚、提升社会流动性的一个重要途径。

尽管如此，通过对海归学者的长期跟踪与观察，我也发现社会阶层在他/她们的职业选择、就业路径以及学术实践中依然扮演着重要角色。无论是所能接触到的学术资源、学术场域，还是职位晋升的机会，家庭的社会阶层背景都在无形中影响着这些学者的选择和发展。对于来自中上阶层家庭的学者来说，他/她们往往能够通过更加顺畅的学术资源渠道，获得更好的就业机会，而来自低阶层家庭的学者可能面临更多的资源限制，虽然他/她们在学术能力上可能同样出类拔萃。因此，社会阶层因素不仅在学术生涯的起点上为不同出身的学者设定了不同的起跑线，也在学术生涯中持续影响着他/她们的成长轨迹。

三、研究框架：社会文化视角

本节从研究框架入手，讨论社会文化视角在海归学者研究中的重要性，反思传统政治经济视角的局限性，并提出个体经验与宏观结构之间的互动路径。

通过关注海归学者在归国过程中如何协商政策、调适文化、建构身份，本节特别强调了人才流动背后的复杂社会机制与个人能动性。

在人才流动研究中，陈琼琼（Chen，2017）系统地梳理了政治经济与社会文化两种视角下的脉络变化。

（一）人才流动的政治经济视角

政治经济视角将海归学者视为国家发展的重要资源，强调他/她们对祖国的贡献和价值。早期的观点往往将跨国人才流动视为单向的过程，认为从欠发达或发展中国家向发达国家的迁移是不可逆转的，且对母国而言是一种巨大的人才资源流失。这种思维模式体现了一种非此即彼的对立框架——"人才流失"（brain drain）与"人才收益"（brain gain）之间的张力。

具体而言，这种框架强调了人才从发展中国家流向发达国家的负面影响，认为这种单向流动削弱了母国的创新能力与竞争力。然而，随着跨国人才流动的日益频繁以及往返迁徙频率的提高，学者们逐渐意识到，流动并非单向的，而是具有双向性和循环性的特征。在这一过程中，高技能人群不仅仅是单纯地迁徙到国外，他/她们还在不同的组织、国家和地区之间频繁往返，这种流动性有可能促进了知识的传播和全球学术网络的形成。因此，越来越多的研究开始将"人才环流"（brain circulation）作为更加合适的概念框架。

"人才环流"框架不仅反映了全球化背景下人才流动的双向性，也揭示了这种流动性对国家和地区之间知识交流与合作的积极影响。在这一新视角下，海归学者被视为连接不同学术和文化体系的桥梁，他/她们在跨国交流中积累的知识、经验和资源，不仅促进了国内学术和科研水平的提升，也推动了全球学术网络的建设和国际合作的深化。特别是中国在迎接海归学者回流的同时，创造了更加包容和开放的学术环境，以便他/她们能够更好地发挥自身的优势，推动国内外学术与产业的协同发展。

尽管政治经济视角经历了从"人才流失"到"人才环流"的转变，但其基本假设依然局限于将海归人才视为国家发展的资本，认为"人力资本转化为经济资本，进而促进国家经济发展，提升全球竞争力"（Fahey，Kenway，2010）。这一分析框架，拓展了对人才流动的理解，但本质上依然出于国家-民族的立场，强调的是国家如何通过引进海外高端人才来推动本国经济与全球竞争力的提升（Cantwell，2011）。这种观点，虽然在某些层面上契合了国家发展的需求，却忽略了个体在跨国流动中的复杂经历和社会背景，也未能充分考虑学者在全球化背景下的能动性和文化适应性。

（二）人才流动的社会文化视角

在更深入细致地理解海归学者的学术实践、身份认同和社会融入的过程中，社会文化的研究视角尤为重要。这一视角转向个体，强调全球化时代的多重文化背景。将人才流动置于更为复杂的社会与文化背景之中，可以帮助我们更好地理解学术教育国际化对个体的影响。与传统的政治经济视角相比，社会文化视角更多关注的是学者个人在跨国流动中的选择和应对方式。

首先，文化因素在海归学者做出归国决定的过程中发挥了重要作用。研究表明，归国的决定不仅仅是基于经济条件的考量，还往往涉及家庭、职业和生活方式的平衡（Achenbach，2017；Chen，2017）。例如，许多海归学者在国外深造期间，虽然获得了较为优渥的教育和科研机会，但家庭和文化认同感仍然是影响他/她们做出归国决定的重要因素。这种考虑突破了传统以国家利益为主导的视角，凸显了个体文化背景和生活方式的多样性。

其次，不仅海归学者所接受的个人学术训练和所在机构的奖惩机制影响了他/她们的国际发表，其知识生产还受到了本土学术界的政治权力、文化惯习和关系网络等因素的深刻影响（祝建华，2002）。例如，本土学术界对海外学术体系的评判，可能会直接影响海归学者的学术地位和职场发展。在这种社会文化的互动中，海归学者往往需要在国际学术规范与本土学术惯习之间进行协调，调整自己的学术身份，以适应本土的学术环境。

此外，正如上文提到的，性别、阶层等身份因素对海归学者的社会融入也起到了重要作用。有研究指出，性别和社会阶层差异可能导致海归学者在学术和职场中的机会不平等（Leung，2017；Matus，2009）。例如，女性海归学者可能会面临更多的职场偏见和性别刻板印象；来自较为贫困或中下阶层的学者可能面临更多的资源匮乏和不平等。尽管全球化为更多来自不同背景的学者提供了机会，但性别和社会阶层等差异在很大程度上塑造了学者的社会融入过程和获得学术成就的潜力。社会文化视角不仅弥补了政治经济视角在分析海归学者流动时的局限性，还揭示了学者在全球化背景下的学术实践、身份认同和社会融入的复杂性。通过关注学者个体的生活经历和社会背景，我们能够更加全面地理解海归学者的学术流动过程及其对本土学术界的深远影响。

社会文化视角的提出纠正了政治经济视角中某种程度上的结构决定论，并凸显了主体的能动性。这并非意味着削弱宏观政治、组织和制度的影响，而是强调在复杂的社会情境中，个体如何理解和内化外部政策制度，进而发挥能动性。事实上，社会文化视角正是通过探讨政策意图与行动主体间的互动，揭示了这种互动过程中的张力与非计划性后果——例如个体是否与既有政策达成了共识、他/她们如何调动资源实现自我认知以及如何应对这一过程产生的影响。这一视角为我们提供了一个更加细致的框架，帮助我们深入理解社会现象的微观与宏观层面的相互作用。

（三）个体经验与宏观结构之间的互动

在移民和学术流动研究领域，有学者提出了"双重嵌入"（dual embeddedness）的分析路径，认为流动性不仅会嵌入个体的生活经验，还会嵌入宏观的社会结构（King，2002）。

这一路径被广泛应用于研究中国海归学者，尤其是关注个体如何在不同的社会结构之间穿梭，如何在全球化的学术流动背景下，面对不同的政策和社会期望，做出自己的选择和回应（Achenbach，2017；Chen，2017）。这一路径的意义在于，它能够同时关注个体经验与宏观结构的制约，并探讨两者之间的相互作用。

然而，尽管这种双重路径的分析框架为理解海归学者提供了重要的理论视角，但某些学者认为它缺乏清晰的中介机制（Tian，2018）。他/她们认为，个体在全球化学术流动中的行动并非只受到宏观结构的推动，而是同时涉及个体在特定社会背景下的行动策略与资源调配。

为了弥补这一缺陷，本书建议将海归学者的学术实践与身份认同视为个体经验与宏观结构之间的动态互动过程。这一过程不仅仅是对制度化要求的执行，更是在实践中所进行的学术理念表达和组织协商。从这一角度看，知识生产不再是简单的、由上而下的制度执行过程，而是学者与学术组织之间的互动和协商过程。海归学者在全球化学术流动的过程中，不仅仅是政策或制度的被动接受者，更是主动参与者和推动者。学术理念的践行与传播，往往是海归学者在适应和调和不同文化和制度环境时做出的选择与努力。这种互动过程揭示了个体经验与宏观结构之间的理论链接，有助于我们理解学术流动中的复杂性，并为海归学者的学术实践提供更深刻的解读。

在中国的学术领域，存在着大量不同的、竞争性的甚至矛盾的学术观点，这与全球知识体系的不平等密切相关。"流亡伊甸园"①这一隐喻，可以为我们提供一种全新的视角来反思海归学者在归国后面临的挑战和困境。在西方的学术视角中，海归学者从发达国家回到欠发达或发展中国家的过程中，常常面临诸如资金不足、与核心学术社群的疏离以及对本土学术话语体系的不熟悉等问题（Man et al.，2004；Curry，Lillis，2004）。

在我国的学术环境中，与以往西方视角的研究有所不同，但仍

_____

① 这个隐喻生动地描述了那些在发达国家获得学术成就后回到相对落后的本土，面临边缘化困境的学者。

然存在某些相似的问题与挑战。

一方面，中国经济的快速增长和科研资金的显著提升，确实打破了西方视角中"欠发达"的成见。例如，清华大学在 2014 年获得的科研经费高达 43.52 亿元人民币，超越了香港地区 8 所高校的总和（参考消息网，2016）。这种对学术研究的投入，体现了中国在全球学术场域中的逐渐崛起，并且在很大程度上改变了海归学者的处境。海归学者回国后，能在越来越多的资源丰富的大学和科研机构中获得更好的支持，这些平台提供了更加优质的学术环境和更广阔的研究空间。

然而，另一方面，尽管我国的经济水平和科研资金得到了大幅度的提升，但整体学术体系和学术环境仍面临许多问题。我国的学术体系在一定程度上受制于教育体制的不良惯习以及地方和学术资源的不均衡分布等因素。在这样的背景下，海归学者往往要面对的是国内学术界根深蒂固的等级观念、学术话语体系的规范化以及对外来思想的抵制等问题。特别是在人文学科和社会科学领域，海归学者时常会面临学术合法性的挑战，例如国内学术界对其海外学术经验的"有效性"的质疑。例如，西方的学术标准和理论框架常常与中国的本土实践和思想体系发生冲突，导致海归学者在学术创作和知识生产过程中不得不在两者之间进行艰难的平衡。

西方话语中经常使用的"流亡伊甸园"这一隐喻，也恰恰揭示了海归学者可能面临的身份认同的困境。虽然他/她们曾经在国际化的学术环境中接受过高质量的训练，拥有较强的学术资本，但归国后，他/她们在学术界的地位并不稳固。作为"外来者"，海归学者可能难以完全融入国内学术界，尤其是面对国内学术文化和实践中的惯习时，往往需要经过较长时间的适应和调整。同时，海归学者的学术观念、方法和思维方式可能会受到国内学术传统的排斥，导致他/她们在学术实践、身份认同和社会融入方面遇到困难。

因此，海归学者在母国的学术生涯并不是简单的从"发达国家"到"欠发达国家"的单向迁移，而是一个充满张力和复杂性的过程。这一过程不仅仅涉及学术资源的获取和转化，更涉及文化、身份、社会认同等多重因素的交织与博弈。在这种复杂的环境中，海归学者既要面临来自圈子内外的挑战，又要在全球知识体系中不断调整和定位自己的学术实践。

从国际发表的角度来看我国的学术发展，尽管自然科学领域的国际化程度较高，社会科学领域的国际发表量近年来也实现了快速增长（Liu et al.，2015），然而，从全球科研产出的整体份额来看，我国的学术成果仍显不足——其总产出仅占全球的3.45%，而第一署名机构来自大陆地区的论文所占比例更是低至1.96%（郑咏滟，2016）。

如果我们将视角聚焦于新闻传播领域，情况更是耐人寻味。尽管近年来亚洲传播学有了蓬勃发展的势头（So，2010），中国是最常被海外顶级传播学期刊研究的亚洲国家（Liu et al.，2016），但这些现象的背后依然存在诸多问题：顶级期刊的发表数量少，第一作者的比例偏低，整体引用率也不高（Jia et al.，2017）。事实上，若将新闻传播学与其他学科做对比，过去50年间，SSCI和A&HCI收录的大陆地区论文中，新闻传播学仅位居26个学科中的第 23 位（何小清，2008）。某种程度上，这反映了中国传播学在全球知识体系中的边缘地位——一直处于"边陲中的边陲"（金兼斌，1999）。

此外，学术政治在全球学术界普遍存在，而中国学术界常常被形容为"江湖"，这一隐喻生动地反映了其中错综复杂的关系和潜规则（董云川，张琪仁，2017；黄应全，2008；谢凌凌，2017）。布尔迪厄的场域理论常被用来分析中国的"学术江湖"，邓正来（2000，2004；孙麾等，2005）则将中国学术界置于更广阔的社会权力关系之中，并多次强调中国的知识生产缺乏自主性。

正是因为学术内部缺乏由学术共同体制定的规范和制度，外部的政治、经济和社会力量才得以深度介入（李红涛，2013）。一项研究运用场域分析框架，将中国学术界划分为意识形态场、准官场、名利场和关系场四大领域（Tenzin，2017）。在新闻传播领域，有研究从场域视角分析了学术期刊的知识生产过程，指出中国新闻传播学期刊普遍呈现出依附性和低自主性的特征（李红涛，2013）。这一观点在一项基于对 6 本 CSSCI 期刊编辑的访谈的经验研究中得到了进一步验证（朱鸿军，苗伟山，2017）。

面对当下中国学术界这一复杂的局面——经济与发达国家的差距不断缩小、论文发表量飞速增长但质量不高、圈内的"江湖"关系错综复杂——我们是否仍然能将海归学者的归国经历比作"流亡伊甸园"？然而，在当今中国，海归学者的处境发生了许多变化。那么，在海归学者看来，他/她们该如何解读本土的学术环境？面对这样一个既充满机遇又充满挑战的环境，他/她们又采取了哪些行动和策略？这些问题值得我们深入探讨。

从更深层次来看，学术实践不仅仅是话语的表达，还涉及学术价值、身份认同等复杂的议题。陈琼琼（2017）在关于中国海归学者的研究中指出，海归学者在回国后面对的一个持续性主题就是本土适应性的问题。许多海归学者成长并生活在中国，之后赴海外取得博士学位，再返回祖国，却发现适应本土学术环境成为一大困扰。这一现象无疑反映了国内外学术环境之间的巨大差异，但更深层次的问题在于海归学者在认知、价值观以及身份认同上的困惑。学术流动不仅仅是地理位置的迁徙，还代表着学者在认知层面对不同的学术场域的理解，更是一个关于自我认知的本体论再发现（Barnett，Phipps，2005）。换句话说，海归学者的学术实践是一个动态的过程，涉及他/她们在跨文化、跨学科的环境中不断调整、再塑造自我身份。

身份被理解为"一个人对自己是谁的理解"（Taylor，1992），它不仅涉及个体如何理解自己与这个世界的关系，也包括个体如何理解未来的可能性（Norton，2000）。从建构主义的角度来看，身份具有多元性、流动性、情境性，甚至充满矛盾。然而，大部分研究将海归学者视为一个抽象、整体且固定的类别，通常探讨国家政府对海归群体的政策（Wang et al.，2006）、海归学者的比较优势（Zweig et al.，2004）、社会对海归的态度（Tai，Truex，2015）等问题。可是，我们对一些基本问题仍然知之甚少：

海归学者自己是如何理解"海归"这一身份的？

这个身份是在怎样的情境下形成的？基于怎样的机制？

作为一个多元而复杂的群体，海归学者内部在身份认同上是否存在差异与分化？

随着时间的推移和社会情境的变化，海归的身份认同又会如何转变？

一项研究通过自我民族志的方式揭示了海归身份的复杂性，其中一位学者写道：

在回国之前，我经历了强烈的身份协商挣扎，直到最后文化和国家身份战胜了我想留在海外的想法……回国的两年中，我仍然时刻在经历着身份上的挣扎。曾经以为甜蜜的故土，如今看来却有几分苦涩。我知道自己的主要身份是一所中国大学的海归学者，但我也知道自己经常被当作一个他者。很多次我都不确定自己是否能融入我国的学术圈子。（Ai，Wang，2017）

这段话深刻地揭示了海归学者身份认同的复杂性与动态性。它不是一个简单的标签，而是个体在文化、学术、社会等多重情境中的自我塑造和自我调适。海归学者的身份认同常常伴随着内心的挣扎和不断的自我反思，尤其在本土的学术和社会环境中，海归身份可能既是认同的源泉，也是一种被他者化的标志。

不仅如此，如果我们将海归回国看作"一个持续不断的全球流动的过程"（Ghosh，2000），那么这意味着有些海归学者在回到母国后的一段时间内，依然期待再次流转到海外，而非将母国视为最终的归属地（Huang，Kuah-Pearce，2015）。实际上，近年来，清华大学的颜宁教授、上海科技大学的马毅教授以及北京大学的许晨阳教授等海归学者，选择重新赴海外高校任职，这一从"海归"到"归海"的现象无疑是人才环流的现实体现。

可以说，传统意义上的"回国""家"与"本土"等概念在这种流动性格局下变得越加复杂（Ley，Kobayashi，2005；Wang，Wong，2007）。许多个体面临着既未能完全被本土社会接受，也无法完全融入曾经的旅居国的双重困境。有研究指出，这些学者往往发展出了一种灵活的、流动性的身份（Huang，Kuah-Pearce，2015），这进一步挑战了传统的固定身份标签和分类方式。对于他/她们而言，"海归"不再是一个单一的、终极的标签，而是一个不断变化、充满流动性的身份，代表了全球化语境中个体和社会之间复杂的互动与认同建构。

第二章 | 研究方法与设计

本章详细阐述了研究方法与设计。首先，界定了海归学者的定义，并详细介绍了抽样方法；其次，第二节和第三节分别介绍了数据的采集和分析过程；最后，强调了质化研究中"研究者作为工具"的重要性，反思研究者自身在数据采集、分析及写作过程中可能产生的主观性观点，通过对这一过程的自觉反思，确保研究结果的有效性与可靠性。

一、研究对象与抽样标准

本节从海归学者的定义入手，明确哪些背景和经历的个体符合研究对象的范畴。通过对该群体的界定，确保研究样本的代表性和研究的针对性。

同时，本节还描述了抽样的具体过程，解释了从文献综述到田野访谈，如何通过多元化的样本库建立起数据的多维度视角，凸显了学术社群、国际会议和多渠道互动在数据采集中的作用。

（一）研究对象

海归学者是一个复杂且具有争议的概念。

本研究对"新闻传播海归学者"的定义是：在中国大陆地区以外接受博士学术训练并取得博士学位，且全职受聘于中国大陆地区体制内新闻传播学院系或研究机构的教学科研工作者。

因此，研究对象不包括以下几类人员：

（1）访问学者、联合培养博士、在国外取得非博士学位（如学士、硕士学位）或尚未完成博士阶段学业的人员；

（2）以客座教授、长江学者等形式聘用的非全职海外学者；

（3）宁波诺丁汉大学等中外合办大学的教职工（尽管这些机构位于大陆地区，但考评体系和文化氛围多参照国外），相关人员不在本研究的考察范围内；

（4）少数在海外取得新闻传播学博士学位并就职于非新闻传播学院系的学者，以及非中国籍的海外研究者，亦不在本研究的考察范围内。

（二）抽样方法

本研究采用了目标抽样的方法，研究的数据采集始于 2014 年对中国大陆学者国际发表情况的相关研究。

具体步骤如下：

第一，研究团队系统性地收集了 1994—2024 年在新闻传播学 SSCI 期刊上所有有发表记录的大陆地区学者名单。

第二，根据中国社会科学院新闻与传播研究所编撰的《中国新闻传播学年鉴》，研究团队进入年鉴中列出的所有新闻传播学院系的网站，核对"教职工介绍"，筛选出在海外获得博士学位的人员。

第三，研究团队参与了 2018 年 1 月 6 日在西安交通大学举办的"首届中国新闻传播学国际发表专题论坛"，出席该会议的有来自海内外 60 多所高校的百余名学者，研究团队在论坛内外与多名海归学者进行了互动，并借助熟人推荐进一步完善了数据库。

第四，依托中国学者常用的社交工具微信，研究团队在多个海归学者微信群（如 CCA 国际中华传播学会微信群，ACCS 中华传播研究学会学者群）中核实所有成员的教育背景和当前工作单位，进一步补充和完善了数据库。

第五，2014—2024 年，研究团队在北京、上海、广州、深圳、西安、重庆、成都等城市的高校中进行调研访谈，通过与新闻传播学院的院长、系主任和教职工进行沟通，进一步补充和完善了数据库。

本研究试图从中国大陆地区的新闻传播海归学者入手，将其置于全球化背景下，联系全球人文社科领域华人学者的跨国流动，由此构建出更为广泛的概念、理论，以期获得知识洞见。

（三）扩展研究

自 2020 年起，我在前述工作的基础上做了进一步拓展，尽管相关数据并非本研究的核心内容，但它们作为背景资料或参考框架，可以为读者提供启发。

具体而言，后续研究从三个方面扩展了原有的框架：

首先，受访者的领域从新闻传播学扩展至人文社科的各个学科。我通过熟人推荐、社交媒体等多种方式，邀请了来自不同学科的海归学者参与研究。截至 2022 年，这一扩展涉及了 15 个学科的 93 人，具体包括社会学 14 人、经济学 8 人、管理学 8 人、文学 7 人、法学 7 人、哲学 6 人、语言学 6 人、历史学 6 人、心理学 5 人、艺术学 5 人、考古学 5 人、政治学 5 人、体育科学 5 人、教育学 4 人以及城市研究 2 人。

其次，受访者的常驻地从大陆地区扩展到港澳台地区以及东南亚、美国、加拿大、澳大利亚和欧洲等其他国家与地区。对这部分学者的访谈，主要依托各种国际会议、跨国研讨会、讲座以及微信群互动进行。

最后，受访者的身份也从海归学者本身拓展至其工作和生活中的利益相关方，包括校长 2 人、院长 12 人、系主任 8 人、期刊主编 10 人、论文评审人 6 人、学术同行（包括论文和项目合作者）15 人以及学生 5 人。

以上这三个方面的扩展，不仅对数据进行了交叉验证，也为从更为多元和立体的视角理解海归学者的处境提供了可能。

二、数据采集与样本描述

本节重点介绍数据采集的具体方法，详细阐述对半结构化访谈、田野访谈和生命故事访谈的运用。这些方法不仅有助于捕捉海归学者在学术实践、身份认同和社会融入方面的细腻差异，也促进了对学者个人经历和观点的深入了解。

本节最后介绍了访谈样本的基础信息，确保研究样本的多样性和代表性，进而为后续分析提供充分的背景支持。

（一）数据采集方法

我通过邮件、微信、微博、个人关系等多种方式邀请研究对象参与访谈，向他/她们介绍研究的目的和访谈问题，并承诺所有访谈数据将严格保密。经过多次沟通和确认，2014—2024 年，共有 126 名大陆地区的新闻传播海归学者接受了访谈。访谈的方式根据双方的方便程度进行安排，既包括电话、微信语音、邮件等远程互动，也有在学术会议会场、咖啡厅、餐馆，甚至机场或偶遇等场景中的面对面交流。我采用了半结构化访谈的方法，在询问核心问题的同时，鼓励受访者主动分享他/她们认为重要的观点、经历和感受。

每一场访谈中的故事都来源于特定个体的视角，是一种框架化和主观化的诠释（Haraway，1988），研究目的并不仅仅是寻找事实，还深入理解受访者的观点、经历与感受。例如，他/她们认为什么是最重要的？为何某些经历在他/她们眼中格外突出？他/她们如何解读这些经历？在访谈的具体操作中，我主要依托半结构化访谈，结合已有文献和前期访谈的内容，聚焦于相关的主题，期望受访者对这些普遍性问题进行深入的反思和探讨。

以下是部分访谈问题的示例：

您在海外的哪所学校学习？主要的研究方向是什么？为何选择这一方向？

您当时是专注于英文发表，还是同时也进行中文写作？

留学期间，是否考虑过回国？

毕业后，您的打算是什么？为何最终选择回国？回国对您最大的吸引力是什么？

刚回到国内时，您对学术圈的最大感受是什么？有哪些方面与海外不同？

初回国时，您遇到了哪些困难和挑战？能否具体描述一下？您当时作何感受，最终如何解决了这些问题？

目前，您主要是发表中文论文还是英文论文？为何？您觉得发表中文和英文各自的难点在哪里？

您如何看待中国新闻传播学的国际化进程？如何理解中国学术自主知识体系的建设？

您论文的数据来源是中国的吗？理论框架来自哪里？在使用中国数据撰写论文时，您是如何概念化这些数据的？如何理解中国数据的特殊性与普遍性？

在投稿英文期刊时，您是否遇到过对中国数据或案例的质疑？

您如何评价当前中国和全球新闻传播领域的发展？您认为二者有哪些相似和差异？

您如何看待和评价自己作为海归学者的身份？您认为这是优势还是劣势？

通过这样的访谈设计，本研究力求从受访者的亲身经历出发，深入了解他/她们在学术旅程中的感受和思考，力图为这一特定群体的学术身份、跨国流动和学术环境之间的互动提供更加丰富的视角。

同时，我意识到受访者所处环境以及他/她们对相关问题的理解可能随时间而变化。为了捕捉这一动态过程，我对海归学者进行了追踪访谈，分别在 2014 年 6 月、2015 年 10 月、2016 年 8 月、2018 年 6 月、2020 年 1 月和 2023 年 9 月进行了多次邀请。无法确保 126 名受访者都能够完整参与追踪，最终有 14 名学者提供了跨越近 10 年的数据。

除了半结构化访谈外，我还根据具体情境综合使用了田野访谈和生命故事访谈。田野访谈是指将中国新闻传播领域视为一个巨大且动态的"田野"，与海归学者的互动不局限于正式访谈。在校园、餐厅、地铁、会场等日常生活场景中的每一次偶遇和对话，都是了解他/她们的机会。

　　例如，在与一位从美国回来的学者共进晚餐时，我向他介绍了正在进行的关于海归学者的研究，并请教了他的意见。这虽然不是一个严格意义上的访谈，但我们的交流中穿插了对海归学者身份的讨论，反映了他对该话题的个人看法。另一个例子是在某学校组织的国际研讨会期间，几位学者在操场上边走边聊，分享了他/她们在不同国家求职、任教和科研的经历。最近的一个例子是在我主持的一场学术沙龙中，参与者均为在海外获得博士学位的青年教师。在集中讨论环节，我提出了关于海归学者论文发表的议题，尤其是在新闻传播领域如何平衡讲述"中国故事"与讲述"新闻传播故事"。这些来自不同情境的故事与数据，不仅丰富了正式访谈的内容，更使得我对海归学者身份、困境和经验的理解更加立体和鲜活。这些非正式的互动和对话为我的研究提供了不同视角的启发，帮助我从多维度深入分析海归学者在中国学术环境中的适应与发展。

　　生命故事访谈是一种让受访者讲述他/她们生活故事的研究方法，旨在让受访者在自己能够回忆的范围内，尽可能真实和完整地叙述他/她们的经历（Atkinson，1998）。选择这种方法的原因是，在十年的访谈过程中，特别是对特定受访者进行追踪访谈时，我逐渐意识到，尽管我们探讨的问题通常集中在受访者的认知、态度、行为及选择等具体层面，例如如何看待自己的海归身份，但这些回答总是与受访者的个人经历、故事以及所处的人生阶段息息相关。

　　例如，一位受访者回忆起自己的成长经历时，提到 20 世纪 80

年代在中国西部农村地区长大的自己认为"去美国读书,就像做梦一样,离我太遥远……但心里一直有这个梦"。这句话背后流露出的,是他对留学美国的美好憧憬。他在研究生毕业后,成功申请到了美国中部一所公立大学的博士项目,但在留学过程中遭遇了研究进展缓慢、与导师关系紧张,以及毕业前的家庭变故等一系列困难,最终,他对美国的向往变为了一种迫切的想要归国的情感。正如他自己所说,"一天也不想在美国待了"。归国后,这位学者经历了国内学术界从推崇国际化到更加关注本土知识的转变,他对自己海归身份的认同也在一段段经历中不断发生着复杂和微妙的变化。

在许多访谈中,受访者会问我:"你想了解什么呢?"大多数情况下,我会提前将半结构化访谈提纲发给他/她们,以便开展对话。但在一些访谈中,特别是当我们都觉得交流顺畅、深入时,我发现并不总是需要严格遵循半结构化访谈提纲。每个访谈都有其独特的氛围、节奏和互动方式,受访者也会根据自身的表达需要来分享自己的故事和感受。因此,在后期的访谈中,我与受访者的沟通更加灵活,通常会说:"咱们聊聊天,主要是聊聊你的故事和感受。"这种放松和开放的对话方式,往往能够激发受访者更多的表达,从而丰富了我对他/她们经历和观点的理解。

(二)样本的基础信息

尽管本研究采用了目的抽样,但为了确保样本的多样性,我在访谈过程中尽可能从多个维度进行平衡,包括地区、学校排名、性别、学术职称、博士来源国、研究方向和学术路径等。

由于访谈并非一次性完成,我会在每个阶段对所有受访者在这些维度上的占比进行统计，并据此调整接下来对研究对象的选择标准。

从地域分布来看，首先，来自北上广地区的学者人数最多，其中北京 29 人，上海 22 人，广州 15 人。这些城市是中国顶尖高校的所在地，许多海归学者倾向于选择这些大城市，以寻求更好的学术平台和发展机会。

其次，一大批受访者分布在南京（8 人）、武汉（7 人）、苏州（6 人）、杭州（5 人）、西安（5 人）以及重庆（5 人）六个区域中心城市。随着中国城镇化进程的推进和高铁交通网络的日益完善，这些城市也逐渐成为海归学者的热门选择，正如一位受访者所说，随着大城市房价上涨和顶尖高校的激烈竞争，许多海归学者开始更综合地考虑生活质量和未来发展，区域中心城市也因此成为不错的选择。

再次，厦门（4 人）、郑州（4 人）、深圳（4 人）、成都（3 人）和长沙（2 人）的海归学者也较多。对于一些海归学者而言，随着交通的便捷和城市化的推进，这些城市资源丰富，生活便利，成了他/她们的理想工作地。

最后，访谈中还包括了合肥、保定、济南、昆明、兰州、青岛和沈阳的学者，每个城市中有 1 名受访者，这些海归学者大多因家庭原因选择这些城市，这些城市往往是他/她们的故乡或伴侣的工作所在地，又或是与父母居住地较近。

在性别分布方面，共有 50 名男性和 76 名女性。尽管我们无法准确了解中国新闻传播领域海归学者的整体性别分布，但根据大部分院系的情况，女性的数量普遍超过男性，因此本研究中的性别比例应该与实际情况大致相符。

在年龄分布方面，30 岁以下的有 5 人，30～39 岁 62 人，40～49 岁 40 人，50～59 岁 15 人，60 岁以上 4 人。

从职称来看，有 19 名博士后，61 名讲师/助理教授，32 名副教授/副研究员，以及 14 名教授/研究员。

在博士教育背景方面，37 人来自美国，29 人来自香港地区，14 人来自英国，来自澳大利亚和台湾地区的各 6 人，来自新加坡和日本的各 5 人，来自澳门地区和韩国的各 4 人，来自德国和法国的各 3 人，来自西班牙和新西兰的各 2 人，来自白俄罗斯、比利时、俄罗斯、荷兰、加拿大、马来西亚的各 1 人。这些数据反映了海归学者的多元背景。

在研究领域方面，22 名受访者来自新闻传播学以外的学科，其中 9 名来自社会学，其他则分布在信息学、艺术、文化研究、国际关系、管理学、统计学、语言学和政治学等。样本跨学科的背景进一步揭示了海归学者的广泛性。

总体而言，受访者的广泛分布和不同背景充分体现了新闻传播海归学者的差异性与多元化，为本研究提供了丰富的视角与数据支持。此外，需要指出的是，本书中的部分数据和内容已发表在相关中英文期刊中，本书在这些论文的基础上进行了再次撰写和整理。①

---

① 苗伟山．（2018）. 中国新闻传播学海归学者的学术实践与身份认同．新闻与传播研究，25（12）. Miao, W. S., Ai, B., Liao, X. Y.（2022）. International engagement or local commitment?: Investigating the publication practices of Chinese returnee scholars in the humanities and social sciences. *Journal of Scholarly Publishing*，53（4）. Miao, W. S., Gong, J.（2025）. Understanding the academic field in China: A four-generation portrait. Manuscript under review.

三、数据分析

在本书的数据处理过程中，我综合运用了主题分析和叙事分析两种方法，以期更全面地揭示海归学者的经验和挑战。通过结合这两种分析方法，研究不仅从数据中提取了普遍性主题，还深入挖掘了海归学者实际生活中的细腻变化。这种结合使得本研究能够提供多维度的视角，呈现海归学者在学术适应与身份认同上的复杂性和独特性，为理解这一群体的社会转型提供重要启示。

主题分析和叙事分析有着不同的侧重点，前者侧重于从多重访谈话语中提炼出更广泛的、概括性的主题，而后者则注重个体故事的完整性和丰富性。

（一）主题分析

主题分析灵感主要来源于扎根理论，旨在通过编码、比较以及分析不同话语之间的关系来构建一个系统的框架和逻辑结构。为了达到这一目标，所有通过通信设备进行的访谈都在受访者的同意下被录音并转录为文字，面对面访谈则在访谈结束后由研究者立即将内容记录下来。所有的访谈数据被导入 Nvivo 11，基于扎根理论的分析路径进行操作化。

在数据分析过程中，我采用了两轮编码的策略。第一轮编码：逐行逐句反复阅读访谈文本，提取出具体词汇和表达形式。第二轮编码：对第一轮编码进行进一步比较和分析，逐渐提炼出相关主题。

这些主题涵盖了以下三个方面：海归学者归国后的感受和经历，包括归国后的心理变化、遇到的挑战；适应、调整和再嵌入，包括在国内学术环境中的角色转换；学术表现、身份认同和未来职业轨迹，涵盖在学术表现上的变化，如何处理海归身份的认同问题，以及他/她们对未来职业发展的预期和规划。

通过这样的主题分析，能够提取出更具普遍性的结论，同时也能够捕捉到不同受访者之间的差异和共性。

（二）叙事分析

叙事分析的优势在于其对个体经验的完整呈现。与主题分析的抽象化处理不同，叙事分析着重于从个人故事出发，保持个体经验的连贯性和复杂性。

在本研究中，我选取了几个典型的海归学者作为案例，通过详细叙述他/她们的回国经历和身份认同的变化，来展示他/她们在整个过程中的成长。

此外，在叙事分析中，我不仅关注单一的个人故事，还试图将微观的个人故事与中观的组织机制、宏观的社会变迁联系起来。例如，通过叙述个体在学术界和社会环境中的适应与调整，分析他/她们如何在国内学术界重新定义自我，并与社会及学术环境相互作用。我也增加了其他学者的相关经历，借此验证或对比不同故事中的相似性与矛盾点，从而增强叙事分析的全面性。

总之，主题分析和叙事分析在本研究中各有侧重，前者从广义上揭示了研究主题的共性，后者则从个体的角度呈现了更加细腻和具体的海归学者生活轨迹。二者相辅相成，帮助我更全面地理解海归学者的归国感受，以及他/她们在国内学术界的身份认同和职业发展问题。

四、研究自反性与位置性

一千个读者就有一千个哈姆雷特。同样地，对于同一研究对象或相似的数据，不同的研究者往往会解读出不同的社会意义。这种现象正是人文社科领域复杂性和多元性的体现，它提醒我们，质化研究不仅仅是对数据的收集与分析，更体现了研究者自身作为工具的参与，涵盖了对数据的诠释与意义建构。我们个人的兴趣、成长背景和教育经历，影响着我们对特定议题的关注方式、对研究路径的选择，乃至我们在社会互动中与受访者之间的微观关系。这些因素共同决定了我们所采集的数据及所选择的分析视角，从而形成特定视角下的研究成果。

本节深入探讨研究者在学术旅程中的自我反思与身份转变，强调质化研究中"研究者作为工具"的重要性。通过反思研究者自身在数据采集、分析及写作过程中可能带来的主观性影响，我想力图使研究结果呈现出有效性与可靠性。

（一）研究中的自我反思

在撰写论文的过程中，研究者往往会根据特定的学术问题、学科背景，甚至是期刊目标，经过与评审人的反复讨论与调整，精心雕刻出一个独特的故事。几位受访者在访谈中幽默地指出，"每项研究，都是一部个人自传"。研究不仅是为了探寻他者，也是在满足研究者的好奇心和求知欲，促使研究者对自我、知识生产和社会进行更加深入的反思。

我也经常会反思：为什么自己会提出这样的问题？如何解读他人的反馈？在这段学术旅程中，我获得了怎样的知识、感悟与成长？更进一步，在探索这些问题的过程中，我们如何通过学术力量参与社会公共事务，使自己的职业生涯更加富有意义，推动社会的进步和发展？从这个视角来看，学术研究是一场修行。它并非局限于研究者的个人世界，局限于办公室或图书馆中的文字与思维碰撞，而是与我们的生活息息相关，是我们与社会的连接，是一个不断生发意义的过程。

因此，这要求我们对研究者自身的位置、立场、预期以及其他影响因素进行深入的反思与澄清，以便理解这些因素在数据采集和论文写作中所产生的影响，并尽可能保持研究的客观性和中立性。

这项研究从 2014 年持续至 2024 年，历时十年。在这一过程中，我也经历了从学生到研究者的身份转变，和从"三十而立"到"四十而不惑"的个人成长。回顾这十年的经历，我不禁反思：为什么我对这一议题产生了如此深厚和持久的兴趣？为何我愿意花费大量时间和精力投入其中？更重要的是，我究竟想在这项研究中探讨哪些基础性问题？或许，这些问题的答案正是这一议题一直吸引我的原因。

在大多数研究中，研究者是隐藏在幕后的知识创造者，我们看到的仅是他/她们呈现出的研究成果，透过这些成果，可以体会到研究者所欲传达的思想。然而，这些成果是如何被一步步打磨出来的？研究者在这一过程中受到了哪些内外部因素的影响？他/她又做出了哪些妥协或是创新？这些成果背后隐藏的情感与思想，以及研究者对这一过程的自我理解，往往是鲜为人知的。

但我认为，进行这样反思性的探讨是至关重要的，接下来我将借助自反性和位置性的概念，阐述十年间我在海归学者访谈中的角色变化和我的问题意识的演变，以及我对相关议题的思考过程。

具体而言，我将自反性操作化为一系列具体问题进行探讨：

我是谁？在这个过程中，我的角色、身份和位置是什么？

我所处的环境如何？

我的心态、诉求和困境又是什么？

我为何会对某个特定议题产生兴趣？这一议题与我个人有何关联？它又是如何逐步进入我的写作议程的？

在写作过程中，我为何会不断受到一些因素的影响？我是否意识到了它们并始终保持警觉？

在我的写作过程中，有哪些深刻的故事值得回顾？这些故事为何会触动我或让受访者受到触动？这些触动背后的普遍意义是什么？

我如何理解学术创作中的自主性、政治性以及各种权力关系？这些理解又是如何在我的研究实践中不断得到践行、调整甚至发生转变的？

在不同的阶段，我得出了哪些结论，做出了哪些新的知识贡献？

在不同阶段重新审视自己的研究时，我发现了哪些启示和局限？以及随着时间的推移，我有了哪些新的感悟与收获？

（二）自我反思的三个阶段

为了便于叙事，我将自己的经历和思考大致划分为三个阶段。需要特别指出的是，这一阶段划分是为了清晰叙述和方便理解，然而在实际的学术旅程中，各个阶段间的边界往往是模糊的，甚至在某些时刻它们之间存在着重叠。

1. 第一阶段：研究兴趣从文本转向对人的关注

2014年，结束了在美国的访学后，我回到国内开始撰写博士论文。在海外的一年半，让我对学术知识的创造产生了不同于以往的感受与想法。作为一名即将步入学术界的博士生，我时常对自己的学术能力感到不自信，甚至常常有出国再拿一个博士学位的冲动（直到2020年，这种想法才渐渐褪去）。这种学术上的困惑，坦诚来说，源于对"如何做研究"这一问题的迷茫，归根结底，是一种内心的不安与缺乏自信。

在这种状态下，我强烈渴望能得到系统而严格的学术训练，至少能够完成具有学术价值的研究成果，而不仅仅是撰写评论式或者感悟式的文章。这种渴望也自然而然地转变为我对海归学者的羡慕与景仰。他/她们展现出来的对学科前沿的熟悉、对多种研究方法的娴熟掌握以及对相关理论的深刻理解，正好契合了我在那个阶段对学术研究的理解和想象。一位20世纪90年代的海归学者曾这样描述自己刚到海外读书时的感受："就像刚从县城走入高楼林立的大都市，海外的知识体系所构建出的逻辑严密、训练有素的框架，让我深受吸引""一下子就蒙了……因为你没有可以与之抗衡的本土知识体系，所以很容易被它吸引"。另一位在国内顶尖大学获得博士学位，后来又选择赴海外攻读第二个博士学位的人表达了类似的想法："毕业后，你会对知识的创造方式和学术的风格产生个人的偏好和审美，海外导师的风格，甚至他/她们的学术气质，都深深吸引了我。"

抱有类似心态的我，开始有意识地接触并访谈海归学者，想要了解他/她们的研究经历与学术观点，并抱着向他/她们请教和学习的态度进行交流。当时的访谈提纲，未必具备严谨的设计和明确的研究问题，更像是一种记者式的采访，整个项目充满了探索性。

这种探索的首次落地发生在 2015 年。当时，《亚洲传播期刊》（*Asian Journal of Communication*，AJC）的一期关于回顾和反思亚洲地区传播学研究的专刊在征稿。在阅读期刊时，我也接触过许多类似的专题文章，这类文章的常见写作路径是，研究者通过内容分析或话语网络分析，回顾所在领域的核心主题、方法、理论及未来方向等。这类综述对于刚进入该领域或跨领域研究的学者来说，的确是宝贵的学术地图。

当时，我刚完成博士论文的撰写，论文中所采用的数据主要通过文本分析获取。尽管论文顺利完成，并且部分章节得以发表，但我的脑海中始终有些未解之谜：这些数据究竟与现实世界有什么关系？我的诠释是否存在过度解读或错位？

2015 年夏天，与孙皖宁教授的讨论（孙皖宁，苗伟山，2016）让我意识到，我的兴趣其实更倾向于"人"，即关注具体的人所处的情境以及他/她的情感体验。这一认识转变促使我在 AJC 专刊征稿的契机下，与合作者贾鹤鹏老师共同确立了研究主题——探讨中国大陆地区新闻传播学者为何在国际上发表论文，他/她们在这一过程中所面临的挑战、所采取的策略，以及他/她们对本土性/特殊性与全球性/普遍性之间张力的理解。

这项研究是我首次以较为规范的方式，通过访谈对海归学者进行研究。坦率地说，作为一名刚毕业的学者，我对许多问题的反思并不深刻，最初只是希望能把问题讲清楚。从位置性的角度来看，作为一个刚毕业且仅接受过本土训练的学者，我在与海归学者的互动中，受到了以下几个因素的影响，这些因素在很大程度上影响了对数据的采集与解读：

首先是"学生"的身份。我的研究对象多为已经在学术界有一定地位的学者，因此，我在访谈中自然而然地采取了请教和学习的态度，并未进行过多批判性的追问与质疑。这使得访谈的议程在某种程度上被掌握在受访者手中。这里我使用"掌握"一词，意指在访谈过程中，研究者通常被视为诠释和分析数据的主体，而受访者是原始数据的提供者。然而，在长期的访谈实践中，我逐渐意识到，访谈是由研究者和受访者共同完成的。二者不仅相互阐述和倾听，也可能会彼此质疑和争辩。一场成功的访谈，不仅能让受访者敞开心扉，讲出他/她们长久以来的想法，更能使研究者充分发挥引导作用，双方共同深入思考那些萦绕心头的议题。

其次是"研究新手"的身份。由于缺乏长期的学术能力锤炼和国际发表经验，我在访谈中常常难以完全理解海归学者所面临的困境。事实上，对于很多海归学者的痛点，我并不能完全共情，因此也很难深刻理解这些问题对他/她们意味着什么。作为一名质化研究者，若未能设身处地地理解受访者的处境，往往就会以自己的立场揣测他人的情感和想法。这种位置性不仅影响了我对数据的解读，也让我在一定程度上忽略了受访者所处的实际环境及其背后的深层次动因。

2. 第二阶段：从对发表学术论文的关注转向对人所处情境的理解

工作几年后，我逐渐实现了从学生到研究者的身份转变。身处组织考核和职业发展的轨迹中，我逐步意识到，发表学术论文不仅仅是个人的创造性活动，还深受多重因素的影响，实际上应被视为一种学术性的社会实践。这种社会实践是一个多种因素交织的复杂过程，每个人可根据自身的实际情况和需求，发展出不同的行动策略和目标。通过不断的自我反思、文献阅读以及与受访者的深入沟通，我慢慢领会了这一点，进而对问题意识和研究切入点产生了新的认知。

例如，2015 年左右，我阅读了大量关于海归学者的文献，这些文献多来自教育学和语言学领域，尤其是英语作为第二外语习得（english as second language learning）研究。这些文献的核心研究问题是：作为英语非母语国家的学者（包括海归学者），他/她们为何以及如何从事国际发表，在英文论文的写作过程中遇到了哪些问题，如何克服困难。起初，我也跟随这一思路，简化地将海归学者面临的问题看作论文发表问题，甚至仅将其视为写作语言的转化问题。

　　然而，随着对这一问题的理解的深化，我逐渐意识到，现实中的问题远比语言选择复杂。经过多年的学术训练，大多数海归学者已经掌握了论文写作的基本技能和知识。进入高校或研究机构后，他/她们往往面临着在聘期内完成业绩考核的压力。对于大多数学者来说，这不仅仅是个人兴趣的延伸，也是一份重要的工作，是职业成就与个人意义的重要来源。

　　2016年，我曾对某院系领导进行访谈，他提到了"考核指挥棒"的政策影响，这为我对学术发表的理解提供了新的视角。这位领导这样解释道：

> 　　根据下一轮学科排名，学校和学院制定了教师职位考核的期刊目录。这个目录将新闻传播领域的期刊分为不同等级，最高级别是A类期刊。2015年之前，考核主要以中文CSSCI期刊为主，但在今年的讨论稿中，我们领域的中文A类期刊仅有6本（3本新闻传播类，3本编辑出版类），而英文A类期刊有14本。未来的学科排名只看A类期刊，发其他期刊已经没有作用了。所以，这个导向非常明确，就是鼓励国际化，鼓励发表英文期刊。这一"指挥棒"定下来后，所有的资源、晋升、奖励都会朝着这个方向走。

　　从这个视角来看，海归学者的论文写作不仅仅是其个人学术兴趣或语言能力的体现，更是职业发展的关键一环，涉及学术排名、职称晋升，甚至整个学术环境的竞争态势。学术发表逐渐从一种单纯的知识创造，转变为一种深具社会意义和职业意义的活动，影响着学者个人的职业生涯以及所在学术机构的未来发展。

在这个背景下，海归学者凭借其语言能力和海外学术训练经验的天然优势，曾在学术考核中占据相对优势的地位。很多高校和地区会对老师的国际发表给予丰厚的奖励，这使得不少海归学者能够凭借其国际化背景取得学术上的成功。

然而，随着我国自主知识体系建设的推进和"将论文写在祖国大地上"的号召，学术界的形势发生了巨大的变化。特别是 2020 年左右，很多高校的考核政策开始关注本土的学术发表。

一位海归学者在访谈中提到：

> 目前我们的职位晋升，要求至少有一篇中文发表。

另一位受访者则这样描述这个变化：

> 过去投稿中文期刊，编辑会建议你多引用英文文献，体现跟上国际前沿。现在，如果你的论文引用的全是英文文献，反而会被质疑为什么不引用中文的。

这类考核政策的变化反映了海归学者在学术环境中的位置和策略的改变，也为我们提供了一个重要的视角：海归学者面临的困境不仅仅在于学术写作的技巧和策略，更涉及文化认同、政策变化和职业发展等诸多因素。正如中国社会的快速变迁，学术领域也在经历着类似的转型。

在这个阶段，我的研究逐渐转向了对海归学者在不断变化的学术场域中的遭遇和对应对策略的思考与选择，不仅仅停留在学术发表和写作技巧层面，还转向了其在职业发展、生活压力等方面的困境。尤其在与受访者的沟通中，很多话题不再局限于学术问题，而是迅速扩展到了工作与生活的方方面面，包括薪资、晋升、房产、孩子的教育以及老人的照料等。

在一段时间内，我感到有些困惑，因为这些话题并不是我最初设定的研究重点，也不是我想要深入探讨的内容。于是我开始反思，是不是因为追踪性访谈带来的信任关系和熟悉感，促使受访者向生活类议题扩展？与此同时，我也在思考一个更为深入的问题：如果受访者不认为我的研究问题是真正重要的，或者他/她们不感兴趣，那么我应该如何应对这种情况？这是否意味着我需要在研究过程中更多地尊重受访者的经验和关注点，而不是片面坚持自己的研究框架？

一位学术同行曾提到质化研究中访谈法可能会遇到的挑战：可能你投入了大量的精力，最后发现所得到的数据与研究问题并不相关，完全无法用于研究。这让我产生了深刻的思考：如果受访者想谈的话题与我的研究问题不完全契合，是否就意味着我应该完全排除这些话题？或者，我是否应该思考这些略"偏离"的话题背后的价值和意义？换句话说，作为研究者，当受访者将话题转向他/她们认为更有意义或者更紧迫的个人问题时，我应该如何处理？这不仅关乎我作为研究者的学术任务，也涉及对受访者的尊重与理解。

因此，我逐渐认识到，研究不仅仅是一个知识的收集过程，也涉及与受访者之间的互动、理解和共情。在这个过程中，尊重受访者的声音和他/她们对问题的理解，同样是推动研究深化的一个重要环节。学术研究不应该仅围绕预设的框架进行，还需要不断地反思、调整，以适应现实情境的变化和学术环境的转型。这种反思不仅有助于提升研究的深度和广度，也能让研究成果更好地反映出复杂的社会和文化现象。

在此阶段，我的阅读领域逐渐扩展至人类学、社会学和文化研究等学科。某个时刻，我突然意识到，以往我将自己的研究对象局限于海归学者这一特定身份，并未充分考虑这一身份背后更为复杂的多维性。实际上，对于他/她们来说，海归只是众多身份中的一个，是其人生的一个阶段。作为学者，他/她们首先是人，拥有与其他人一样的情感、欲望和需求，生活在一个特定的社会语境中。因此，我们的研究不应仅仅聚焦于海归学者这一身份标签，更应探讨这些个体在多重身份下的复杂背景，包括阶层、性别、家庭状况及地区等因素，思考这些因素如何共同影响他/她们的学术生产与社会实践。

与此同时，我也逐渐意识到，对于质化研究者来说，虽然我们的研究往往始于某个具体的问题或理论框架，但这个问题本质上是由我们个人的学术兴趣、知识结构以及生活经历驱动的。在与受访者的交流中，原有的研究问题可能会发生转变，甚至被重新定义。在这一过程中，我们的任务便是深入了解受访者所处的情境，而非以某种规范性视角简单地解读他/她们的行为，特别是将发表学术论文视为唯一的追求目标。

例如，在2017年的一次访谈中，一位来自华中地区的女性海归学者坦言，尽管她曾有机会去北上广的985高校任教，但她考虑到父母需要照料，最终选择留在家乡。她直言不讳地说：

> 家庭永远排在第一位，学术只是一份工作。如果这份工作

与家庭或生活发生冲突，我会优先选择家庭。

时隔三年，2020 年我们再次联系时，她已经晋升为副教授，并计划迎接二胎。她的学术轨迹和论文发表也因此发生了变化：

> 我能接受以副教授的身份退休，学术上不会那么拼……现在无论是中文还是英文发表，只要不太费劲，能发表，能满足单位的考核就行……而且，我真心觉得，把孩子养育好，就是对这个社会最大的贡献。

这种言论，若从传统以男性为中心的奋斗与成功价值观来看，容易被解读为"躺平"或"不思进取"。然而，基于个人情境的分析可以帮助我们超越这种价值偏见，更好地理解个体在复杂社会背景下的心理状态和行为选择。通过这种方式，我们能对学术研究和个人生活之间的关系有更为细致和全面的理解，也能够从中获得更多关于学术生产背后深层次动因的启示。

3. 第三阶段：从个体的处境分析转向对学术意义、社会影响和公共参与的广泛讨论

对于许多海归学者，尤其是那些已经完成学术职位晋升的学者，学术论文的发表不再是他/她们的主要关注点或困扰。

正如一位受访者所言：

> 多一篇、少一篇（论文）对我影响不大，成就感也不会特别强，职业上也不会因为某篇论文有太大提升。

甚至有些学者开始感到职业倦怠，对写作产生抵触情绪。2023年，一位海归学者坦言：

终于评上教授了……这个游戏也差不多玩够了……现在不想再写论文了，觉得一点意义都没有。

学术研究的意义找寻是伴随着研究者整个职业生涯的不断发展的过程。在 2016 年，我曾在广州访谈一位香港地区海归学者，她在交谈中提到：

其实我们写的这些论文，除了你自己和评审人，基本没有人会认真读，大部分也没什么引用。

这番话令刚刚毕业的我震惊不已，也让我产生了深深的疑问：既然如此，我们为何要花费如此大量的时间去写论文？如果连读的人都没有，那么我们的研究究竟对社会产生了哪些意义与影响？

这个问题在我心中生根发芽，逐渐影响了我后期访谈的方向和思考的角度。

2019 年冬天，我与几位博士生聚餐，一位临近毕业的学生非常认真地问我：

老师，老实说，你真的对自己做的研究感兴趣吗？你真的觉得学术有意义吗？

这个问题引发了我长时间的反思，也使我回忆起与许多学术同行的交流。这些年来，我看到过层出不穷的现象：高校编制的控制、非升即走政策的普及、青年教师面临的低收入和高强度工作压力，以及在不断变化的政策下，研究人员在论文写作与学术项目申请中的挣扎。我完全理解这一提问背后蕴藏的质疑——他/她们不仅仅是在问"是否有价值",更是在问这种困境中我们应该如何自处。

面对这一困惑,我将这些问题带入访谈中,向海归学者们请教。尽管此时我还没有形成明确的理论框架,甚至不确定是否会做类似的研究,但这种探讨与互动无疑是必要的。

许多受访者表示:

> 原来不是我一个人这么想!以前总觉得大家都特别上进,自己还总是自我检讨,否定自己。

这种分享对他/她们而言,具有强烈的安慰和支持作用。虽然在一些访谈中,海归学者们常常提到"无意义感"或"无力感"等,但更多的讨论集中在如何积极寻找自己认为有价值的学术方向。

例如,一位海归学者将精力投入当地社区的文化建设,积极策划和组织英语沙龙、电影赏析会和读书会等活动,尝试在这些活动中找到自己的学术和社会价值。另一位海归学者则将工作重心转向对学生的辅导,积极参与招生、学生社团以及心理疏导工作。他告诉我:

> 与真正的人发生连接,看到学生的成长和变化,是我觉得最有价值的工作。

以上这些例子展现了学者如何在变动不居的学术环境中,通过参与社会和公共活动,重新定义自己的研究意义与价值,并在工作与生活之间找到平衡。

　　从个体的学术轨迹到社会与文化参与，海归学者们的职业生涯经历了深刻的转型。通过他/她们的经历，我意识到，学术研究不仅是一个孤立的知识生产过程，它同样应当关注学术实践与社会变革之间的关系。在追求学术成就的同时，学者们需要面对复杂的社会情境与个人需求，而这些因素往往决定了他/她们在学术研究中的选择与坚持。

第三章 | 出国与回国

——双向文化冲击、学术调适与研究主体性

本章聚焦出国与回国两个关键节点，深入分析海归学者在这两个过程中面临的挑战，以及在此过程中主体性的形成。

一、从国际留学生到海归学者

在复杂的跨文化学术环境中，海归学者往往要在母国与他国学术界之间经历"双向文化冲击"。

对于人文社科领域而言，对这一冲击的思考尤为重要。与自然科学等被认为中性、技术化和普适性的学科不同，人文社科的知识往往具有强烈的情境性和社会关联性。人文社科研究本质上是对既有社会现象的反思、分析与诠释，这一过程不可避免地要求研究者具备较强的学术自主性和批判性思维。因此，为了更好地理解海归学者在中国学术环境中的融入，我们不仅需要关注他/她们的学术背景，还要深入了解他/她们在国内外的学习经历和心路历程，特别是他/她们如何理解国内外不同的知识生产方式。

（一）文化冲击与双向文化冲击

学者进入任何新的学术场域时，都会面临文化冲击（culture shock），必须找到适合自身的融入方式，并在这一过程中逐步确立自己的主体性。

文化冲击这一概念最早由文化人类学家卡勒弗·奥伯格（Kalervo Oberg）提出，指个体或组织进入新国家或文化时所经历的困惑，甚至焦虑。其深层原因在于两种文化之间的差异甚至是对抗所带来的压力。大量已有的相关研究集中在讨论文化冲击的不同阶段，认为人们面对压力时的状态会发生阶段性变化。例如，著名的文化冲击 U 形曲线理论认为，个体会经历蜜月期、敌意期、幽默期和适应期四个阶段。此理论后期得到了修正与扩展，约翰·T. 古拉霍恩（John T. Gullahorn）和珍妮·E. 古拉霍恩（Jeanne E. Gullahorn）于 1963 年提出 W 形曲线模型，将跨国流动者回国后的适应过程纳入视野，提出文化冲击应被视为一个更长期、完整的调适过程。此模型引发了关于逆向文化冲击（reverse culture shock）的讨论。

　　本研究在此基础上提出，海归学者在他国与母国学术界之间会面临"双向文化冲击"，即他/她们面临着在他国作为"外来者"和在母国作为"陌生人"的双重身份挑战。尤其是在学术领域，这种挑战表现为国内外学术界的巨大差异，海归学者往往会在两个学术界之间遭遇困境与困惑。因此，本章分为两部分，分别探讨海归学者在国内外学术界所遇到的不同的文化差异。

　　与游客或短期旅居者不同，海归学者无论是留学还是工作，都需要在国内外的学术界长期生活，这使得他/她们所面临的文化冲击会随着时间的推移而逐渐发生变化。他/她们不仅要适应，还要融入，而这一过程并非易事。在长达十年的访谈中，我曾听到一些海归学者坦言，尽管回国多年，但他/她们仍然觉得自己难以融入国内的学术环境，甚至有学者选择再次去往国外。与此同时，他/她们对海外留学生涯的回顾，也反映出这一融入过程的艰难。一些学者用"encountered but not engaged"（遭遇到，但未能真正融入）来形容自己的海外留学经历。

　　因此，如果我们想深入理解这一问题，对融入过程的解释就变得尤为重要且紧迫。在访谈过程中，我亲眼见证了众多学者所经历的困惑与期望、迷茫与挣扎，以及他/她们在日常研究和教学中的不断努力与转型。所有这些经历最终汇聚成一些更根本的探讨：学者主体性的觉醒与探索，海归学者所进行的研究和知识生产的意义，以及他/她们在与学术界、社区与社会关系的互动中，如何不断修正或强化自己的身份认同。

（二）双重身份与文化调适

有研究者指出，本土化是在走向国际化的过程中被发现和界定的（Flowerdew，Li，2009）。换句话说，只有将中国学术界的特征置于全球化的视野中，才能更好地理解其独特性。

对于海归学者，特别是那些回国不久的中青年海归，他/她们在不同的社会情境和知识场域之间往返穿梭，拥有局内人和局外人的双重视角（Ai，Wang，2017；Tenzin，2017）。这种双重视角赋予了他/她们"跳出庐山"的可能性：能够对本土学术场域中学者视为理所当然的现象进行问题化，从而反思既有经历与当下环境。如一位青年海归学者所反思的：

> 我经历了许多复杂的心理变化，这些变化迫使我反思自己在海外的生活，并重建我在本土的身份。（Ai，Wang，2017）

在海外生活学习多年，重返故土，海归学者面临的是一个熟悉的文化中国、社会中国和一个陌生的学术中国。这种陌生感，某种程度上是因为中国学术界与全球学术界不接轨：

> 我从这里（美国）毕业，不管是留在美国、欧洲，还是新

加坡、香港地区、台湾地区，都是看一样的期刊，写一样的文章，走一样的 tenure-track（终身制聘任），但是回到这边，什么都和外边不一样，得从头再来。

所有的受访者都提到了国内外学术界存在很多不同，这种不同是系统性的、多层面的。

过去的研究多聚焦于海归学者的国际发表，很少关注他/她们在本土的学术产出。这或许隐含着一个假设：海归学者在本土的发表没有问题。然而，也有研究指出，海归学者回国后，虽然面对的是熟悉的社会文化，却往往要适应一个陌生的学术场域。

在访谈中，大多数海归学者是在完成博士学位或短期博士后后回到国内的，这意味着他/她们更多从"工作"的视角来理解国内学术界，以及相关的文化冲击和再适应过程。

然而，正如一些研究所指出的，与异国他乡的新文化相比，重新融入原有的文化情境可能更为困难（Cox，2004）。这种难以适应的困境往往难以为母国同胞所理解。一位学院系主任曾向我抱怨一位海归学者，觉得她的一些行为和心态难以理解：

> 又不是在海外生活了多少年，留学四五年，装什么外宾。

这种不理解不仅加剧了海归学者的文化适应难题，也使他/她们的再融入变得更加困难，感到疏离和无助。

同时，大众的注意力常常不成比例地集中在那些被光环笼罩的学者身上。在媒体宣传中，成功的海归学者往往成为焦点。当我在不同场合向别人介绍海归学者的研究项目时，大多数人的第一反应是这些人是学术界的成功人士，而那些默默无闻甚至在困境中挣扎的大多数常常被忽视了。

与对海外流动人员的相关研究一致，中国海归学者在国外的学术适应也是一种"持续的、永无止境的过程"（Haslberger，2005）。尽管每个人都渴望找到稳定性和与国内学术界的完美契合，但随着变化和新挑战的不断出现，他/她们不得不持续调整自己的心态、预期和自我定位。

本研究还指出，这种文化冲击和适应过程是多面向、多层次并且富有反思性的。在这一过程中，海归学者不断协商和再诠释着自己的处境。在国外学术界，海归学者通常处于中外两种文化、社会情境和身份的冲击之中，他/她们的学术主体性常常表现为"国际留学生""局外人"或"外国人"等身份认同，这种双重身份使他/她们既是学生，也是外国人。回到国内，海归学者面临着快速变化的转型社会、相对陌生的学术生态以及严格的考核条件。在这样的情形下，他/她们的身份认同则围绕着"青椒"（年轻教师）、"学术劳工"和"打工人"等标签展开，凸显出他/她们在职场中的工作身份和社会定位。

基于此，本章将详述海归学者，特别是青年海归学者在国内学术界面临的文化冲击。

接下来，我们将从学术科研、教学实践和其他工作三个方面进行详细阐述。需要承认的是，尽管这样的划分基于撰写逻辑的清晰，但在海归学者的实际工作中，三个方面相互交织，不断影响着他/她们的再融入和学术主体性的建设。不同场域的科研工作可以被视为特定的学术共同体在互动中产生的一套共享的价值、假设、沟通方式和操作规范。

在学术国际化和全球化的浪潮中，尽管各个学科处在不断的学习、交流和对话中，逐渐建立起相似的话语模式，但相较于自然科学，人文社科领域特别是新闻传播领域，仍然被认为具有强烈的本土知识传统和情景规范性。

二、海外求学、文化冲击与自我认同

通过三位受访者的生命故事，我们将看到海归学者在海外求学时所经历的文化冲击和自我认同的形成过程。

海归学者的学术轨迹、文化适应与身份认同呈现出显著的个体差异性。在跨文化学术实践中，他/她们会基于独特的文化碰撞经验，动态建构自己的学术身份与认知范式。

（一）艾米丽的故事：研究路径和选题的选择

艾米丽在中国的一所 985 高校完成了学士和硕士学业后，前往美国中西部一所知名公立大学攻读传播学博士学位。

在赴美之前，她已经通过阅读相关文献和参加国际学术会议，对美国的博士项目有所了解。尽管如此，艾米丽在进入博士阶段后仍然感受到了巨大的差异。她回忆道："感觉自己开始正式地学习这套知识体系。"所谓的"知识体系"，具体来说，指的是艾米丽所选修的课程、阅读的文献和掌握的各种概念、理论、方法，以及在与导师和同学的互动中逐渐形成的学术思维方式和语言表达方式。她的这一感受，揭示了从初步了解到深度融入的转变，即不仅仅是对知识点的学习，还是全面进入一个新的学术环境和思维体系的过程。

艾米丽提到，在选修的"传播学导论"课程中，有一次作业要求学生分析并讨论自己导师的研究。具体来说，学生需要系统地阅读导师的论文和相关研究，探讨以下几个关键问题：

导师的主要研究领域是什么？

他/她在这个领域的核心观点和贡献有哪些？

这些年导师的研究如何围绕一个中心议题展开并不断深化？

导师的研究在学术传统中继承了哪些资源，并如何做出原创性的贡献？

在这个学术脉络中，导师周围有哪些学者，大家在学术互动中有哪些共识和分歧？

作为学生，自己应如何加入这场学术对话，并如何在导师的研究基础上继续发展？

艾米丽告诉我，这个作业叫作"找寻学术谱系，定位自己的学术发展"。通过深入并批判性地阅读导师的研究，并与导师进行面对面的交流，她逐渐意识到，学术研究不仅仅是个人灵感的随性创造，还是建立与学术共同体的对话和互动。换言之，学术发展不仅是个人的探索，更是对一个更广阔学术话语体系的参与和贡献。

因此，对于艾米丽来说，这种学习不仅仅是背诵某些知识点，还让她深刻认识到，自己需要掌握学术共同体的基本知识，并努力融入，成为其中的一员。

在一次访谈中，我询问她所说的"学术共同体"到底指的是什么。艾米丽聪慧地领悟到了问题背后的深意，但她并没有直接回答，而是分享了她的一位在香港地区读博的同学的经历。她说，这位同学在香港地区学习时，深刻感受到了学术环境对学术生涯的巨大影响。周围的老师和同学几乎不看中文文献，也不写中文论文，这使得她只能选择一条路——写英文论文。她认为，相比在中文和英文之间徘徊，选择专注于英文论文更为明智，因为香港学术界几乎所有的学者都聚焦于英文发表。"要选好你的路。"艾米丽总结道，"因为要生存，就必须满足这边老师的要求，按照他/她们的标准来。"

她也坦言，在翻阅课程布置的阅读材料时，几乎所有的论文作者都是西方学者，几乎看不到来自非西方国家的原创研究成果。她曾试图在相关作业中以中国为案例进行探讨，却发现老师和同学们对中国的案例兴趣寥寥。一次与导师的交流中，导师告诉她，如果她希望在美国找到工作，就必须多发表英文论文，并且选择那些美国学术界感兴趣的研究领域。

作为一个聪明的学生，艾米丽很快通过查阅期刊论文和参加学术会议，摸清了美国学术界的兴趣所在，并决定将研究方向定为大数据视角下的健康传播。在我与她的首次访谈中，我表达了对量化研究的一些疑虑，而艾米丽回答道：

> 有些人认为量化研究只是简单地加一个变量，减一个变量，或者是变量的搭配，毫无意义。但这种想法其实没有理解量化研究的精髓。它远不是这么简单的。我们要问，为什么要

加这个变量？它与原有的变量有什么区别？为什么它有理论依据，能够站得住脚？它能带来哪些新的发展？这些问题都需要从学术角度进行深入探讨。

艾米丽将自己对学术方向和选题的选择形容为一种"手艺活"。她说，做任何事情都需要明确操作步骤和方案设计。作为一名留学生，她觉得自己在质化研究中很难占得上风：英语不是母语，加上质化研究的写作和发表周期较长，投入与回报不成比例。相比之下，量化研究更容易上手，写作速度也更快，因此在效率上更具优势。在整个博士阶段，艾米丽共选修了六门方法课程，涵盖了基础统计学、社会网络分析、结构方程模型、时间序列分析，再到数据挖掘和深度学习。她认为，这一切都可以归结为技能和知识的掌握。

当被问及为何选择健康传播这个领域时，艾米丽直言不讳地说，是因为项目经费充足。"我需要申请 RA（research assistant，研究助理），健康传播领域的老师项目多，能提供经费雇佣学生。"然而，在后来的几次跟踪访谈中，她进一步阐述了自己选择健康传播的其他原因。首先，是因为周围有很多老师和同学都从事健康传播研究，学院也开设了众多相关课程和项目，处在这样一个学术氛围中，选择这一方向几乎是自然而然的事。其次，艾米丽考虑到了自己的职业发展规划，如果将来留在美国找教职，健康传播不仅是热门领域，而且无论是发表论文还是申请项目，都有更多机会和支持。

在最近的一次访谈中，我们再次讨论到了一个有趣的对比：许多西方的尤其是美国的海归学者，所从事的健康传播研究大多是量化的、个人层面的，而中国的传播学传统更侧重于质化研究和宏观的大众传播。对于这一现象，已经毕业并回国的艾米丽给出了一个她的解释。她认为，在学术传统上，美国的传播学自其初期便受到了心理学的强烈影响，尤其在健康传播领域，公共卫生理念对其有着深远的影响。公共卫生最核心的理念之一便是"预防比治疗更加重要"。基于这一理念，整个社会通过教育和宣传，试图影响人们的健康观念和行为。因此，健康传播研究在美国往往以量化研究为主，注重通过对数据和个体行为的分析来制定预防措施和政策。

而对于这一学科在我国的发展，艾米丽认为，新闻传播学的传统受到了新闻学和其他人文学科尤其是文学的影响。她的母校就是从文学院分离出来的新闻学院，早期偏向人文学科，因此质化研究的传统相对更为根深蒂固。近年来，随着社会科学研究的逐步发展，量化研究才逐渐开始在中国的传播学领域得到更多关注和应用。

从社会情境的角度来看，美国的个体主义文化使得人们普遍认为，个人的态度和认知变化自然会带来行为的改变。这种观念也渗透到了健康传播研究中，因此更多强调个体层面的干预和影响。在我国，集体主义文化占主导地位，个体的行为很大程度上受到身边其他人的影响。因此，艾米丽认为，在解释中国人的健康行为时，一些微观的个体性变量的解释力相对较弱。这一文化差异与学术背景，解释了中西方在健康传播研究中不同的侧重点和方法选择，也反映了各自社会环境和文化价值观的深刻影响。

即便如此，艾米丽坦言，自己仍将在研究中遇到的这些问题视为技术性问题，尤其是文化因素在其中所起的作用。她强调，自己所接受的训练深受实证科学范式的影响，注重技术性细节与逻辑的严密性，这也是她始终看重的方向。在回国后，艾米丽不仅继续担任量化研究方法课程的教学工作，还在个人的专业领域中不断深入耕耘，精益求精。

在我们最近的一次访谈中，艾米丽坦率地表示：

> 对我来说，学术就是一份工作。虽然我发表了很多论文，但也不过是把事情做好而已……我并没有把学术当作一种承诺（commitment）。虽然有些人可能把学术视为承诺，但我觉得它更多与个人的价值观、能力、归属感、个性等诸多方面相关。

艾米丽的话语中透露出她对学术的务实态度，她并不认为学术是某种神圣的使命，而是一项可以通过专业能力培养与个人努力不断完善的工作。她的视角既务实又理性，体现了她对学术生涯的冷静思考和自我认知。

艾米丽的经历在众多海归学者中表现出了不同程度的相似性。在十年的追踪访谈中，我发现，从事量化研究，特别是以健康传播为代表的效果研究的海归学者数量相对较多，且比例较高，这与国内的研究现状不同。

从学生的角度，艾米丽为我们揭示了一些学习上的原因。她指出，这一领域的老师相对较多，对国际生的语言表达要求较低，研究方法也相对容易上手，且能够快速看到学习成果，这些都使得她和其他留学生更愿意选择并持续从事这类研究。

有一位学者从学理层面进一步解释了这种现象，他认为，这体现了西方尤其是美国主导的传播学研究的两个核心偏好。其一是追求普遍性理论，其二是看重研究方法的严谨性。他进一步指出，由于量化研究注重可观察性、可测量性、操作化、代表性、重复性和预测性等维度，这种学术路径实际上继承了自然科学的理念，促使研究者以科学的方式追求普适性理论。这样的学术心态，是推动量化研究被应用的重要原因之一。

有趣的是，另一位长期在海外工作并最终回国的学者揭示了制度层面的问题。他坦言，学科发展与主流研究路径实际上也涉及资源流动的机制，尤其在美国这个成熟的资本主义国家。正如他所说："钱往哪里流，大家的研究就往哪里走。"他进一步解释道，由于学校老师的研究往往依赖于经费支持，相关研究机构、政府或商业组织会根据它们认为重要的问题来资助相关的研究。拥有经费支持，就很容易产出相关成果，发表论文，进而吸引并资助硕士生或博士生，最终这些学生也能在该方向获得教职。这种机制逐渐促进了一个较为稳定的正向反馈系统的形成。

这位学者补充道，健康传播研究与自然科学领域的科研模式类似，许多研究都由团队合作完成，一年内一位研究人员产出五六篇论文已是非常普遍的现象。正是由于这种资源的支持与产出的高度匹配，健康传播在美国逐步形成了一个具有高度效率和良性循环的研究体系。从不同学者的角度来看，学术路径的选择和研究方向的形成，既与个人的学习和研究兴趣紧密相关，也与制度和资源流动的机制有着密切联系。在这种内外部因素的共同作用下，量化研究和健康传播成为许多海归学者的首选领域，并进一步推动了其快速发展。

在这种学术环境中，大部分海归学者回忆他/她们所经历的学术文化冲击时说，冲击主要集中在学习的压力上。本研究中的所有海归学者都在中国完成了本科学业，即使其中一些人的本科专业是英语或新闻传播学，他/她们也表达了刚入学时所经历的学术文化冲击。一位受访者提到，自己第一次上博士课程时，无法完全理解课堂内容，更无法参与讨论，他为此感到非常焦虑，不知道未来几年该如何度过。另一位受访者则认为，自己在本科阶段主要进行的是基础知识的学习，在研究生阶段才开始接受系统的学术训练，逐渐理解什么是社会科学研究。

更加具体地说，访谈揭示了在面对这种文化冲击时的两种不同的融入情况和策略。

第一，一些学者相对缺乏国内学术训练经历，一位海归学者本科为英语专业，在博士阶段转向计算传播领域，他形容自己当时就像一张白纸，"什么都不懂……除了努力学习，没有别的融入方式"。这种类型的学者通常面临更为显著的知识和方法论的落差，需要付出额外的努力来弥补起点上的差距。

然而，在长期的跟踪访谈中，我们也发现了另一种融入问题：对本土社区的融入。许多受访者表示，由于课程和科研的巨大压力，他/她们把大部分时间花在了学习上。寒暑假期间，除了科研，他/她们很少有时间参与其他活动，甚至旅行也往往与科研相关。

因为学术压力，他/她们对本土社区的融入显得相对薄弱。没有时间和机会参与本土社区的生活、文化和社交，进一步削弱了他/她们的归属感。这种学术融入与社会融入的双重压力，凸显了海外学者在学术生涯初期所面临的复杂困境。尽管他/她们在学术领域逐渐找到了自己的位置，但缺乏对本土社区的融入，这使得他/她们在归属感和文化认同方面感到迷茫。

第二，一些海归学者接受过一定程度的本学科学术训练，包括本科期间参与老师的研究项目，或是在国内外完成硕士阶段学业，再进入博士项目。这类海归学者通常认为，硕士阶段的学习能够更好地帮助他/她们了解和融入博士阶段的学术环境，因此在面临学术文化冲击时，他/她们的适应过程相对顺利，遭遇的挑战也较少。

尽管如此，无论是哪类海归学者，他/她们在回忆自己的求学经历时，都不约而同地使用了"留学生""国际学生""外国学生"等措辞，来表达自己在遭遇学术文化冲击和努力融入的过程中逐步形成的学术主体性。这些词语反映了他/她们在不同学术文化和学术传统中的自我定位。一方面，作为"学生"，他/她们常常感到自己处于相对落后的位置，需要大量学习，因此自信心较弱。例如，一位受访者提到："刚过去（的时候），确实有些自卑，很尊敬也很崇拜系里的老师，觉得他/她们说的每句话都是对的。"这种身份认同体现了他/她们在进入新学术环境时的谦逊和对知识的尊重。

另一方面，"外国人"的身份，也不断提醒他/她们自己是这个学术场域中的"他者"和"局外人"。一位受访者提到，他在申请助教时，作为外国人遭遇了不公平的待遇，甚至在课堂上因为口音问题遭到学生投诉。这些经历让他/她们更加敏锐地意识到，自己在某些情境下会被视为外来者，无法完全融入主流群体。面对这些挑战，外国留学生的身份认知和定位，让他/她们渴望融入主流学术环境，并成为学术社区中被认可的一员。他/她们希望通过持续的努力和优秀的表现获得学术同行的认同，消除外部环境对他/她们的刻板印象。无论是提升学术能力，还是增强与同行的互动，他/她们都希望自己不再仅仅是一个"外国人"，还能够作为一个学术主体在国际学术舞台上站稳脚跟。

（二）黄老师的左右为难：中国研究还是传播研究？

与艾米丽在硕士毕业后直接申请美国博士项目不同，黄老师硕士毕业后在国内从事了五六年的记者工作，直到而立之年才决定出国深造。他说："我想要实现职业转型，为进入高校做准备。"因此，黄老师的经历与许多博士项目中 20 岁出头的同学截然不同，他不仅拥有一定的社会经验和人生阅历，还似乎清晰地知道自己未来的方向。对于他而言，学术不仅仅是一个职业选择，还是一种转换话语表达方式的途径。

这种背景使得黄老师的学术态度与艾米丽有所不同。艾米丽在博士阶段专注于学习专业知识，并将自己定位为一个专业人士，致力于解决特定的问题，而黄老师没有将自己完全定位为"专业人士"。在访谈中，他倾向于将自己看作一个"知识分子"，强调自己肩负着"社会责任和义务"。这种身份认同使得黄老师的学术追求不局限于学术领域本身，而是包含了更广泛的社会和文化关怀。因此，黄老师的留学生涯与艾米丽有着显著的区别。他始终坚持中文写作，不仅发表中文论文，还大量参与知识传递与社会评论。对他来说，学术研究成果的发表不仅仅是学术界的内部交流，还应该服务于更广泛的社会层面，促进文化和思想的传播。正是这种知识分子的责任感和使命感，塑造了他与学术的关系，使得他不仅在学术上寻求突破，也乐于在更大的社会舞台上发挥影响力。

然而，黄老师所说的"换了一种话语表达方式"远比他想象的要复杂得多。他在多年的记者生涯中积累了丰富的写作经验，并且对自己的写作能力充满自信，原本认为从新闻记者转到新闻传播学博士，他与其他同学相比应当具有天然的优势。然而，几次课程作业的反馈让他感到困惑不已，老师不断指出他"应该以社会科学的方式撰写，而不是以记者的方式"。这让黄老师产生了疑问：到底什么是"社会科学的方式"？社会科学的研究和新闻报道之间究竟有什么不同？

进入第二学期后，黄老师犹豫再三，选择了"社会科学质化研究方法"这门课程。他最初对课程内容很有信心，因为他看到了课程中的关键词——访谈、观察、文本等，这些恰恰是自己当年作为记者时最拿手的本领，他觉得自己并不需要再学一遍。然而，课程中的"社会科学"字样引发了他的好奇：这些他早已掌握的技巧与研究方法究竟有何不同？

经过一学期的学习，黄老师终于对"写东西"和"做研究"之间的差异有了更深刻的理解。他将记者的新闻报道与学术研究总结为不同的"范式"。二者不仅存在于不同的共同体中，而且各自共享着不同的话语体系、方法论、基本假设，甚至是价值观。在黄老师看来，新闻报道更注重传播新闻价值，如时效性、接近性、趣味性等，而学术研究追求严谨性、理论性和启发性等学术价值。通过对这种差异的认识，黄老师逐渐理解了新闻写作与学术写作的根本区别。

他还举了一个具体的例子来说明二者在目标上的不同：记者往往追求的是传递即时的信息，而学者更加注重深入分析现象背后的因果关系。他曾经对效果研究产生过困惑，特别是为何要不断测量电视暴力对儿童行为的影响。当他提出这个疑问时，课程老师回答道："影响到底有多大？是3％还是5％？为什么会有这种影响？这种影响发生在什么样的环境下？"这时，黄老师才意识到，学术研究不只是提出一个问题，还需要通过大量的实证研究，来量化和分析这个问题的具体情况。这要求学者们以科学的方式，精确地探讨社会现象的成因与结果。

黄老师回忆道，通过这一课程的学习，他真正理解了为什么许多新闻传播学者称自己为"社会科学家"。这种将社会现象视为研究对象，并用科学的方式进行研究、探索，并给出系统解答的过程，让他对新闻传播学的主流范式有了更清晰的认识。这一转变，不仅帮助他厘清了新闻报道与学术研究之间的本质区别，也使得他更好地融入了学术场域。

如果说方法、语言和表达等技巧层面的知识可以通过学习和不断训练掌握，那么概念、理论以及学科视角等更加系统性、抽象化的知识则需要更为深入的思辨。在黄老师看来，尽管他所在院系的老师研究的领域各异——如人际传播、组织传播、风险传播、健康传播等——但他/她们都沿袭了社会心理学的路径，将研究焦点放在个体的认知和行为层面，探讨信息传播在这一过程中扮演的角色。黄老师认为，这种研究方法确实有其价值和美感，但与他长期以来所关注的学术方向和知识结构存在显著差异。

作为一名中文系毕业的学者，黄老师长期从事社会新闻报道，他的学术关切始终围绕着中国社会的问题，而不是停留在抽象的个体性变量关系上。他认为，自己的研究问题应该有关中国社会中的具体议题，而非从个体心理层面的角度去探讨。正是这种学术诉求与所处环境的差异，使得黄老师在学术道路上感受到了一定的冲突。尤其在博士二年级的课程中，他经常发现自己关注的问题都是中国议题，而身边的老师和同学们似乎并不关心这些，他/她们更多地聚焦于对传播学中某个理论问题的探讨。

在与导师的长期沟通中，黄老师逐渐意识到，问题的核心在于大家的学术问题意识不同。他的研究兴趣更倾向于亚洲研究或中国研究，注重对社会现象本身的细致描绘和深入挖掘；而新闻传播学的主流方向侧重于学科理论建设，社会现象在他/她们的眼中更多是一些案例，研究的核心目标是揭示社会现象背后的传播机制或规律。

这让黄老师感到不适应，因为他的研究兴趣并非单纯的理论探讨，而是对现实社会的关切。他希望能够以中国社会为基础，关注社会变迁和文化背景，而不是一味地将问题抽象化、模型化。因此，尽管逐步适应了博士阶段的学术训练，但在学术方向的选择上，他始终与主流传播学研究保持着某种距离。

这种矛盾和冲突，实际上反映了黄老师作为一个有着强烈社会责任感的知识分子，在学术训练中不断寻求着个人价值和社会责任间的平衡。他希望自己的研究不仅符合学术界的规范和标准，更能回应社会中的实际问题，尤其是中国社会中的问题。因此，黄老师的学术之路并非简单的知识积累与技巧掌握过程，而是一次文化冲击后的自我重塑。对此，其他研究者也有类似的感受。方可成（2023）在回顾自己在美国的政治传播学习经历时，明确指出了西方学术界对政治传播研究的狭隘聚焦，即将"政治"限定为"美国政治"，并且将"传播"缩小为"传播效果"或者基于社会心理学的媒介效果。

这种狭隘性，使得黄老师对学术界某些主流研究取向感到不满。他提到自己虽然执着于研究中国，但面临着来自学术期刊编辑和评审人普遍存在的偏见，这些偏见包括"研究中国不如研究美国的一个小镇重要"和"中国太特殊，研究中国无法生产普适性理论"等。这些观点实际上反映了学术研究中的一个常见问题——研究问题是否具备普适性和可推广性。西方学术界普遍追求普适性理论，将一些特定的地区性问题，如中国的社会现象，视为过于"特殊"而缺乏普适性。

新入学的留学生，尤其是那些学术经验相对薄弱、对学科框架缺乏足够理解的学生，往往没有足够的自信、学术主体性和批判性。这使得他/她们在初期会依赖自己的兴趣去选择研究方向，但这种兴趣通常深受个人背景、教育经历、社会关切和价值观的影响。例如，对于一些来自中国的学者来说，研究中国可能是天然的兴趣所在，他/她们可能对美国的政治传播或其他西方主流议题缺乏兴趣，反之亦然。但研究者对某些问题的兴趣和关注，容易受限于学科的界限。在西方学术体系中，学科的制度化和专业化分工非常明显，学者们往往首先会评判某个问题是否符合某个学科的研究框架，而不是关注问题本身的社会、文化背景。这也意味着很多有深刻社会意义的议题，可能会被学科的"框架"排斥，尤其是当这些问题不符合主流学科的视角时。

黄老师的困境恰恰反映了这一点。作为一名有社会经验的学者，黄老师注重研究中国社会中的实际问题，而非在抽象的理论框架内进行学术探讨。然而，他所面临的学术环境和学科路径，往往要求他站在更高层次的理论和方法框架中进行思考。面对这种学科分工与区域研究之间的矛盾，黄老师和方可成一样，逐渐意识到学科制度化对研究的潜在限制，同时也反思了自己在这种学术文化中如何保持学术主体性与批判性。

这不仅是学科内部的理论争论，还是一种跨文化的学术生态问题。西方学术界的"普适性"理念，往往忽视了不同文化和不同社会背景下的社会责任。这种"学科中心主义"的偏见，不仅使得研究者难以突破学科边界，也往往让他/她们的研究焦点局限于特定的文化背景和社会现象，无法全面反映全球范围内多样的社会问题。这是黄老师和其他海归学者在国外学术界所面临的共同挑战。因此，学术的国际化不仅仅是对学术技能的学习，更是学术视角和问题意识的跨文化碰撞。在这种碰撞中，如何保持本土研究者的学术主体性，如何在全球学术体系中找到合适的定位，成为海归学者面临的重要课题。

黄老师的学术困境深刻反映了许多海归学者在国外学术界所面临的两难局面。这种困境不仅仅是学术路径的选择问题，更是个人学术理想与外部学术环境之间的不断博弈。黄老师最初尝试迎合西方主流传播学研究，选修相关课程、参与小组讨论、撰写健康传播论文，试图通过这种方式融入圈子，最终找到一个教职。然而，这种策略并未给他带来预期的满足感。尽管从表面上看，这种路径有助于顺利发表论文，留下来从教，但他始终无法克服内心的矛盾——他并不感兴趣，也无法真正投入。黄老师的反思让我们看到，科研的动力不仅仅来自外部的奖励（如论文发表、获得教职等），更来自学者内心的热情和对研究问题的真正兴趣。当学者试图迎合外部要求而忽视内心真正的兴趣时，往往会导致"不得劲"。

随着对自己兴趣和目标的深入思考，黄老师开始尝试转向中国研究，特别是从传播学的视角分析中国的社会现象。然而，问题并没有得到解决。他发现即使聚焦中国研究，也常常在投稿新闻传播学主流期刊以及中国相关期刊时遭遇挫折。更为复杂的是，他逐渐认识到中国研究领域也有其偏好的研究问题和视角，而传播现象并不是这些领域的核心议题。这一发现再次说明，学术研究不仅受学科规范的制约，还受学术市场的方向和趋势的影响。

黄老师进一步发现，在西方学术界中，专注于中国研究的岗位越来越少，这使得他不得不调整自己的学术方向和职业规划。在这样的环境中，黄老师意识到，学术道路并非单纯由个人兴趣或理想所决定，而是深受外部市场、学科发展以及社会需求的影响。尤其对于像黄老师这样的海归学者，如何在国际学术体系中找到一个平衡点，既保持学术主体性，又适应外部环境的要求，成了一个巨大的挑战。

黄老师提到的"内耗"现象，正是这一困境的体现。在面对外部环境的限制和内心学术理想的冲突时，研究者往往不得不在外界与内心之间进行反复的自我调适。这种"内耗"不仅是学术道路上的阻碍，也是一种对自我能量的消耗，可能导致研究者的学术激情和创作动力的减退。在长期的矛盾和挣扎中，研究者很可能会迷失方向，甚至感到无力应对。这种困境不仅限于黄老师个人，也普遍存在于很多海归学者的学术发展过程中。

海归学者常常面临两难的选择：一方面，他/她们希望将自己的研究与本土社会问题对接，关注本土社会的独特问题；另一方面，他/她们又必须面对西方学术界的主流要求和市场竞争。如何坚持自己的学术理想，同时在国际学术体系中站稳脚跟，是许多海归学者亟须解决的问题。

黄老师在博士三年级时确定了论文框架，并决定以一种妥协的方式迎合西方学术界，这一选择体现了他在职业发展与个人兴趣间的复杂权衡。他虽然保持了对中国社会的关注，并以熟悉的中国案例为研究对象，但依然选择使用西方主流的概念、理论和视角。这一做法不仅展现了他对现有体系的适应能力，也揭示了他在面对内外部压力时果断的战略性选择。黄老师的经历深刻地反映了许多海归学者在国际学术体系中面临的挑战：如何保持学术的独立性和文化认同，同时又能融入西方学术界。

在这一过程中，黄老师的学术主体性不断被塑造。通过以中国为案例进行学术研究，他不仅仅在讲述中国的故事，还在试图向西方学术界证明中国的社会现象能够为已有的理论体系带来新的视角和启示。这种尝试虽然充满挑战，但也在某种程度上帮助黄老师建立了跨文化、跨学科的学术身份，使他能够在国际学术体系中占据一席之地。正如他所言，"学着用别人的话语，讲述自己的故事"，这不仅是学术界的一个常见策略，更是一个适应国际学术体系的必要步骤。通过这种方式，他逐渐形成了既具本土文化认同又能融入国际学术对话的学术主体性。

然而，黄老师也意识到，这种选择不仅仅是对学术策略的调整，更是一个价值层面的选择。他在毕业后接受访谈时提到，虽然表面上看似是在做出某种妥协，但本质上是关于个人价值取向的深层次思考。这种反思表明，学术道路并非一成不变，每位海归学者都不断地在自己的学术追求与外部环境之间寻求平衡，面临着如何做出符合自己学术理想与职业发展的决定。

黄老师提到的"价值选择"问题，深刻地揭示了学术生涯的内在张力。一方面，海归学者必须不断应对来自学术界、学科规范和就业市场的压力；另一方面，他/她们也在不断地塑造和定义自己的学术主体性。每一个决定都并非简单的适应或妥协，而是对内在冲突的解决。如何在国际学术体系中找到属于自己的位置，如何在坚持自己学术兴趣和理想的同时获得学术认可和职业机会，成为黄老师及众多海归学者在学术生涯中必须面对的问题。总的来说，黄老师的学术选择和反思体现了现代学者在国际学术体系中的复杂处境：如何在"国际"与"本土"、传统学术框架与新兴社会问题之间找到平衡。在这一过程中，黄老师不仅在学术上找到了属于自己的道路，也逐渐塑造出了更加成熟、立体的学术身份。

（三）文森特的选择：找寻学术的主体性

第一次访谈文森特时，他刚刚申请到欧洲的传播学博士项目。他说只申请了三所学校，因为已经明确了自己的研究方向。经过大量的信息比较、文献阅读和与老师的沟通，他觉得只有这三所学校比较适合他，"当你知道自己想要什么的时候，就不会漫无目的地海投，因为适合的就只有那么几个"。

相比于同龄人忙于实习或者考研，文森特在大学阶段就开始学术上的自我训练与探索，例如系统地阅读中英文文献以及主动联系老师加入相关的科研项目。因为成绩优秀，他被保送到国内一所顶尖大学读研，入学后他也逐渐确定将性别研究作为未来的研究方向。当我和他讨论为什么选择这个领域时，他给出的解释是遵循自己的兴趣爱好，而不是追逐学科的主流或热点：

> 科研本身很辛苦，也不是什么赚钱的工作，选择这个发展方向的最大原因就是做自己喜欢的议题。如果连这个点都没有了，那我也没有必要选择科研。

相较于艾米丽和黄老师，文森特虽然更年轻，但他的学术目标和职业定位更加明确。他并不会陷入困惑或彷徨，而是坚定地跟随自己的兴趣，不受外部环境和学科热点左右。早早确立的研究方向，使得他在面临选择时能够更加从容不迫，专注于自己真正关心的议题。因此，他并没有像艾米丽或黄老师那样经历过多的学术文化冲击或身份困惑，而是始终保持对自己的清晰认知与对目标的执着追求。

文森特的学术路径代表了一种独立且明确的学术主体性，这种主体性并非来自外部的认同或压力，而是基于他内心对学术的理解、对兴趣的追求。他的故事也提醒我们，学术路径的选择和职业规划不应只考虑对外界期待的回应，更应该是内心兴趣与价值的体现。文森特通过自己的选择证明了学术路径并不是唯一的。

在与文森特的交谈中，我时常开玩笑说，他的选择既纯粹又任性。毕竟，许多留学生在做决定时，往往会考虑未来的就业前景，能否获得奖学金等。而科研，毕竟不是与世隔绝的，它对很多人来说，比如艾米丽，更像是一份谋生的工作。文森特自己也承认，在海外攻读人文社科，尤其是传播学这样的学科，实际上是一件奢侈的事。曾有海归学者在访谈中提到，对于许多家庭条件一般、需要早点为生活担忧的留学生来说，早些工作是必不可少的责任，深造不仅是奢侈的选择，有时甚至被认为是对家庭的不负责任。因此，对于选择走科研道路的人来说，他/她们也不得不思考经济收益和生活保障，许多人因此选择了更加热门的领域和方向。

出生在20世纪90年代，文森特的爷爷奶奶是地方高校的教授，父母则分别是医生和金融投资者。这是一个典型的中产阶级家庭，从小在学术氛围中成长起来的他，似乎总是在用一种与众不同的视角看待人生。对他来说，最重要的选择标准就是做自己喜欢的事，或者是自己觉得有意义的事。家族中几代人的托举，使得他能够在学术道路上走得更加自信和平稳。这也恰恰印证了本书第一章所提到的阶层对海归学者的深远影响。正如文森特所说：

> 最终目的不是留在海外，也没有发多少论文的目标，只是
> 自己喜欢，所以选择出来读书。

这种自信，也让文森特在留学期间对既有的知识生产方式形成了自己的独立见解和批判。尽管他所在的博士项目涉及大数据等相关课程，许多同届的中国同学纷纷选修这些课程并积极参与老师的科研项目，文森特却独自选择了文化研究、网络民族志以及批判理论等课程。他曾在一次交流中问我，为什么中国学生在学术分工中似乎只能担任最基础的数据分析工作？为什么只有西方教授才有资格从事原创性或理论性的概念框架建设？为什么我们在试图解释本土问题时，必须从西方的理论资源中去寻找依据，好像只有这样才能得到认可？这些问题反映了文森特的批判性思维，这种思维集中体现在他的一次课程作业中。

当时，他选取了当前中国性别问题中的某个关键词作为研究核心，刻意避免使用西方流行的经典理论范式，而是从中国本土的历史文化脉络出发展开讨论。课程老师的反馈简洁而直接：首先，研究问题不够吸引人；其次，理论框架偏离主流，至少要使用赋权理论进行分析。面对这样的评价，文森特写了一封长达3 000字的抗议信，表达了自己对西方理论的抗拒。他指出：

> 似乎全世界都在为西方做考题。

这种批判和反思，并非文森特一人的独特体验，许多非西方学者在学术之路上都会有类似的困惑与质疑。

例如，一位从北京到新加坡深造的学者也分享过类似的感受：

> 我很快意识到了这种学术模式的问题。大多数理论成果都是基于欧美语境产生的，却被伪装成去语境化、去历史化的普遍主义理论。在这种"理论—经验—理论"或"抽象—具体—抽象"的学科化知识生产模式中，中国及非西方的经验往往被降格为一种特殊的经验，成为普遍主义叙事的养料。更糟糕的是，这些经验在知识生产模式中被碎片化，难以形成历史化和整体性的理解。那些无法被普遍主义理论吸纳的经验，往往被视为特殊的、前现代的、落后的、非理性的，甚至是非文明的，最终被丢弃……（陈昶文，2023）

文森特和这位学者的观点深刻揭示了非西方学者在全球学术场域中所面临的困境：他/她们的本土经验常常被边缘化，无法形成与主流理论相匹敌的声音。这种困境不仅关乎学术的边界，也涉及文化、权力和价值观的深层次冲突。

与许多受访者类似，文森特坦言自己经历过一段时间的困惑。一方面，他所从事的质化研究有着启发性强、情境性鲜明的特点，需要研究者具备敏锐的观察能力、深度描写能力和丰富的本土知识，这使得他对普适性理论并不十分感兴趣。然而，另一方面，他逐渐意识到必须避免陷入本土知识的本质主义陷阱，即认为存在一种完全不同于西方的、独立的本土知识体系。文森特的困惑，实际上反映了海归学者在初到海外时所面临的核心文化冲击——哲学层面上普遍主义与特殊主义之间的张力。

文森特与我分享了他在留学期间所写日记中的一段话：

这两个问题一直困扰着我，但我感觉二者都有问题。如果极端地强调普适性，我们就无法处理那些可能属于异端的价值观，很多丰富性会被抹杀，相当于给所有东西都打上一个统一的标签；如果过分强调特殊性，就好像总是在说，我和你们不一样，一切都不一样，交流就变得不可能了。

他进一步指出，这似乎与权力关系也有所关联。

西方强调普适性理论，实际上它的"普适"很多时候是基于本土的历史和问题提炼出来的。同样地，我们在不断提倡全球南方或本土理论时，可能也在回应西方的影响，试图为摆脱其框架而创造出一种全新的东西。

文森特坦言，他还未完全弄清楚应该如何平衡二者，但可以明确看出，他的学术主体性正在逐渐凸显。他开始以一种更加批判性、反思性的眼光来看待自己的知识生产，而不是作为学生去接受、记忆和背诵已有的知识。这种转变标志着他在学术道路上越来越能够自主思考，寻找属于自己的学术立场，而不仅仅是顺应他人。

文森特的自主性不仅体现在对学科的自省，还逐渐扩展到了学术生产的本质。他开始意识到，学术生产其实是一场游戏，身处其中的人只有遵循特定的规则，才能赢得奖励或成功。他提到，学术界有两种极端的态度，一种是将学术神圣化，追求纯粹的学术研究，甚至在某种程度上牺牲生活中的其他重要部分；另一种是将学术视为一份与其他职业无异的工作，教学和写作只是为了赚钱和生存。文森特庆幸自己没有选择去美国读博士。在他看来，美国的标准化培养模式和高压的竞争文化，会让学生陷入快速发表的焦虑，大家忙于应对外部压力，很少有机会停下来思考自己的目的到底是什么。

相对而言，在欧洲，文森特说他经常独自阅读和思考，从旁观者的角度去理解不同文化和社会中学者的生活状态。这种生活方式给了他更多的空间去思考自己的学术路径，而不是机械地沿着一条既定轨迹前进。在最近的一次访谈中，文森特回忆起他的硕士导师在他出国前给他的寄语——更加努力学习、多发表论文，并在学术界找到属于自己的一席之地。现在回过头来看，他觉得这代表了许多中国留学生的普遍心态：将留学视为学习知识、发表论文、找到工作的工具，而在这一过程中，个人心智的成长和对人生道路的真正追求往往被忽视了。

文森特注意到，身边许多同学都在拼命学习，甚至不惜牺牲当前的人生体验，过着两点一线的生活——学习与休息。大家普遍认为，这种艰辛的生活持续 5～6 年，就能换来更好的未来。然而，这个"未来"究竟是什么样的，很多人说不清楚，只是模糊地提到工作、买房或是养育孩子。对文森特而言，这种狭窄的目标并非他留学生活的真正意义。在不断的文化冲击和与之相伴的调整中，他的心态逐渐发生了变化。他开始认为，生活比工作更重要，工作本应为了更好的生活而服务。他深刻地认识到，不能把所有的人生价值和意义都寄托在工作上，因为工作本身是空洞的。真正的快乐、意义和成就感应该来源于日常生活中的点滴。正如他所说：

走出去，同时走进自己的内心，真正理解自己想做的和想要的，才是我这场学术之旅的目的。

三、重返本土：学术再适应与融入

海归学者归国后，对本土学术环境的融入需要一个过程。

本节将从学术写作、教学实践、公共服务与学术生态等方面，详细阐述海归学者如何在国内学术界重新定义自己的学术角色与研究路径。海归学者们不仅要适应本土的文化特征和实践规范，还需要在新的学术环境中找到自己的位置，面对学术评价、职业发展等方面的多重挑战。

（一）学术写作：重拾中文写作

李老师在美国西海岸获得传播学博士学位后，原本打算留在美国工作，但因为没有找到合适的岗位，他选择在美国中西部的一所大学继续从事博士后的研究工作。在这个阶段，由于发表了几篇有影响力的论文，他因此自嘲说自己在求职市场上"拥有了更多的学术资本"，收到了多所大学的录用通知（offer）。然而，尽管机会比较多，李老师还是陷入了选择的困境。

他向我描述了当时的情形：一边是美国几所大学提供的助理教授岗位，虽然这些学校名气较小、排名不高，而且地理位置偏远，但岗位本身不错，且提供六年内晋升为终身教职的考核机会。另一边则是国内某中部城市知名 211 大学的特聘教授岗位。用李老师的话说，这个岗位"性价比最高"：虽然该城市不是北上广，但相较于美国的小镇已经是繁华大都市，且房价不高；学校虽然不是985，但也是在国内学术界有一定声望的211高校。

而最吸引李老师的，是一旦选择回国任教，他将直接获得正高职称，这意味着他可以省去至少十多年的职称晋升过程。经过与家人的商讨，李老师最终决定回国发展，开启新的人生篇章。然而，在真正踏入国内学术界的那一刻，他感到自己仿佛进入了一个完全陌生的世界。

回国初期，李老师常常感到茫然无措。虽然在国外的学术环境中积累了丰富的经验，但回国后，许多事情变得陌生而令人困惑。李老师回忆起那些独自坐在办公室里、目光凝视着屏幕上的中文文献的日子，那时的他心中充满了不解和迷茫。他感叹道：

> 在国外那么多年，我一直处于一个相对一致的学术环境中，阅读的是英文期刊，撰写的是英文论文，大家讨论的议题也大多围绕英文学术界展开。回到国内后，我试图融入中文的学术环境，却发现，很多时候连中文文献我都难以理解。每个字我都认识，可是那段话的意思怎么就这么难懂呢？国内的学术期刊我从未接触过，身边同事们的讨论内容也让我感到格格不入，就像一个局外人。

李老师深知，语言承载着特定的文化与思维方式，而这些东西往往不容易在短时间内被内化。尽管他在国外接受过系统的学术训练，但回国后，他发现自己必须面对的不仅仅是语言上的挑战，还有知识框架和学术语境的差异。

李老师的困境并非个案，许多海归学者也面临着类似的挑战。

一位海归学者曾在英国生活十余年，回国后也经历了文化和学术语境的断层。他坦言：

> 我大部分时间都用英文进行写作，中文表达能力几乎退化了。老实说，现在写中文论文时，我不得不请硕士生帮我看看语言。

这番话折射出了一种现实困境：长期的英文学术环境让他/她们在回国后感到了语言和思维方式的双重疏远。这些困惑和不适感虽然让许多海归学者在初期倍感沮丧，但它们也提供了一个难得的契机，促使他/她们重新审视如何更好地融入国内的学术环境。对于很多学者来说，这既是一次自我反思的过程，也是一种跨越文化与语言障碍的挑战。在国内学术环境中，海归学者不得不面对不同的学术语境、话语方式和思想体系，这也促使他/她们不断地调整自己的学术定位，并努力在两种文化中找到平衡。

不久后，李老师和其他海归学者们逐渐意识到，尽管语言和学术资源的差异令他/她们感到迷茫，但这些问题并非无法克服。随着时间的推移，他/她们开始逐渐适应国内的学术氛围，翻阅中文期刊、与本土学者互动，慢慢了解国内的研究热点。尽管如此，真正让他/她们感到"水土不服"的，是中西学术范式之间的巨大差异。

李老师回忆道，自己在海外习惯了以具体问题为导向的研究方式，课题通常集中于某一具体问题，依靠严谨的理论推演和数据分析推动学术讨论。然而，回国后，他发现自己的研究思路并不总能得到认同。一次，在讨论一个关于健康传播的课题时，一位同行打断了他：

> 你的课题太小了，肥胖症在我国并非主要问题。我们国家有些地区连温饱问题都刚得到解决，怎么能谈肥胖症？咱们面临的社会问题繁多，你应该多看看《新闻联播》或者《人民日报》，看看国家现在关注的问题到底在哪里？

这种两种学术场域中的问题意识差异，常常成为海归学者最核心的困惑。正如一位受访者所说，提出有价值的问题的能力，需要在特定环境中进行长期的积累，通过阅读文献、参加会议、与同行讨论以及对学术领域的跟踪来培养。而在这一过程中，海归学者常常能感受到自我、学术社区和国家需求之间的张力。一些受访者认为，在海外，研究选题和研究方向相对自主，研究者不会被过多干预。尽管为了发表论文或申请项目，研究者也会考虑选题的价值，但这种价值更多来自学术界内部的认可。在国内，研究者则常常被建议要在个人兴趣和国家需求之间找到平衡。有人被建议将个人研究与所在单位的特色相结合，力求选题符合院系的要求。因此，像农业传播、财经传播、时尚传播等特定领域的研究课题，便成了许多专业院校力推的新方向。

然而，这种过度关注现实问题的趋势，也使得一些研究过于追逐热点话题，呈现出一定程度的浮躁。例如，在传播学界，某个话题热度高涨时，往往会迅速涌现出大量相关研究，但这些研究的学术贡献很难得到有效评估。一位受访者指出：

> 你会发现，新传领域的论文发得特别快，什么话题火，马上就有一大批人跟进。可是，这波热潮过去之后，我们往往会

发现这些论文对理论的推动和贡献其实是有限的。

在这种学术环境中，海归学者常常面临如何在个人研究兴趣与社会需求之间找到平衡的挑战。他/她们既要与学术界的同行达成共识，又要回应国家和社会的现实关切，这种多重张力使得他/她们需要在学术创作过程中不断调整自己的思维和策略。

李老师的经历揭示了许多海归学者在回国后面临的学术适应与自我重建。在论文写作规范、理论框架、参考文献选择及研究方法方面，李老师深刻认识到了国内外学术环境间的差异。在海外，理论贡献是学术界评判论文质量的核心标准，推动理论发展往往是一项研究的主要目的。他强调，任何研究都必须上升到理论高度，否则就像调查性新闻一样，缺乏学术性与深度。而在国内，学术研究往往更注重对社会现象的宏观洞察，理论贡献相对较弱，多体现出思辨性和启发性，缺乏严密的研究方法和充分的论据。例如有研究者认为："中国研究的起点和归宿都不会是以理论对话为取向的，而是以认识和理解中国为取向的。"（吕德文，2007）

尽管国内学术界在过去长期忽视理论的深度和系统性，但近年来，李老师发现随着学术规范化和理论化的推进，理论正在逐渐被重视。尤其是新闻传播学界，随着越来越多海归学者的加入和学术水平的提高，国内的学术讨论不再局限于"学习西方"，而开始寻求与国际学术界的对话，甚至在某些领域，海归学者们正在积极推动新的概念与理论的提出。

李老师的反思和经历体现了学术归属感的建立过程——从对国内学术规范的适应，到对不同学术范式的理解，再到对自己的学术路径的重塑。正如他所说，回国后的学术之路并不平坦，但也充满了无尽的可能性。通过跨越文化与学术壁垒，李老师逐步走出了自己独特的学术之路，并相信最终能够找到一个属于自己的学术家园。这一经历，实际上是许多海归学者的缩影，他/她们在不同学术环境中找寻着自己的定位，并逐步为国内学术界贡献更多具有原创性和理论性的成果。

（二）教学实践：融合与平衡

博士毕业后，陈老师在欧洲某国担任了三年的专职研究员，积累了宝贵的学术经验。然而，最终他选择回到国内，凭借丰富的研究背景，以副教授的身份在一所高校开始新的职业生涯。在我们的访谈中，陈老师不断强调回国后遇到的本土教育挑战，特别是与他在国外所习惯的培养方式之间的差异。他坦言，因为学校对新晋老师缺乏系统化的培训和指导，这使得教学成为许多海归学者面临的共同难题。

在我国的高等教育体系中，学术研究和教学工作常常是密切交织的，构成了学者们日常职责的核心（Blais et al.，2016）。不同于专职研究机构，大部分高校把人才教育和培养作为首要任务。这对于海归学者来说，无疑是一项挑战，因为他/她们需要在承担科研任务的同时应对繁重的教学工作。对于很多海归学者而言，这种双重任务不仅是一次全新的挑战，也是他/她们融入国内学术界的关键一步。因此，对陈老师来说，除了适应国内的教育环境，他还需要在教学中找到自己的定位。这不仅仅是调整授课内容和教学安排的问题，更是重新审视和理解与学生的互动方式的问题，例如如何在课堂上充分调动学生的思维，激发他/她们的学习兴趣，真正将理论知识转化为实际应用。

在授课安排上，许多海归学者面临着显著的挑战，尤其是在国内重点大学工作时。大多数海归学者进入的高校是全国或省属的重点大学，这些学校的定位往往是研究型大学，即以研究为主，而非教学。正是在这种期望下，许多海归学者希望能承担相对较少的教学任务，将更多精力集中于科研工作。不仅如此，随着中国高等教育领域"世界一流大学和世界一流学科"（简称"双一流"）建设的不断推进，许多高校设置了专门的研究岗位，通常以研究员、副研究员或青年研究员的名义招聘工作人员。这类岗位的主要特点是减少或免除教学任务，专注于对科研成果的考核。

然而，这些岗位并不常见，通常是周期性的，期限为3～6年，且很多高校并未将其纳入常规的编制体系，因此许多海归学者依然倾向于选择教学与科研并重的岗位。陈老师在刚入职的时候也面临着研究岗位与教学研究岗位的选择，思索再三后，他还是选择了常规的教学研究岗位：

> 还是保险起见，虽然钱少点，但是考核的压力也小些。毕竟高校还是很看重教学的，在晋升和人才评选中，没有教学成绩是万万不行的。

此外，正如一位受访者所提到的，不同学校对教学工作量的要求往往是不可协商的，这也是海归学者在工作安排上面临的常见困境。由于一些学院的招生规模不断扩大，且教师人数短缺，许多海归学者常常被分配到超出合同要求的课时量，尤其面对不断新增的课程种类和教学任务。繁重的教学任务，特别是新开设的课程，成了许多海归学者关注的焦点，给他/她们的工作安排带来了很大的压力。

海归学者工作安排的另一个特点是，许多学者会被安排教授英语、学科国际前沿成果课程，以及参与跨国联合办学和国际培养项目。这种安排反映了学院对海归学者在推动国际化教育中的更高期待，特别是加强国际合作、提升教学质量以及培养具有全球视野的学生。这不仅是对他/她们国际化学术背景的认可，也给予了他/她们更多的机会去展示和发挥自身的优势。

在教学内容的安排上，海归学者通常会将自己留学期间的教材和知识带入国内课堂。陈老师向我展示了他的课程表，他坦言，这几乎是他在博士阶段所修课程的复制版。他解释道，其中的阅读材料都属于该领域的经典读物和广受引用的研究，具有广泛的学术影响力，因此他希望国内的学生也能接触到这些国际前沿的知识，拓宽他/她们的视野。然而，随着教学实践的深入，越来越多的海归学者开始认识到，虽然这些内容对学生有益，但也需要对教学内容做出一定的本土化调整。

另一位受访者在这一基础上做了一些改进，正如他所说，是"更接地气的改良"。他增加了更多中文阅读材料，以其替换了一些英文内容，以便更好地贴合本土学生的需求，同时引入了本土案例，帮助学生更好地理解理论在中国社会和文化背景下的实际应用。尽管如此，随着课时的增加和课程要求的变动，许多海归学者也面临着如何精简和优化教学内容的挑战。还有受访者指出，在海外攻读博士期间，每学期的课程数量相对较少，通常只有 2～3 门课程，但每门课程的阅读量都非常大。虽然课程数量不多，却是高强度的深入学习。而在国内，他的博士生的课程安排是每学期近 8 门课程，这使得他很难想象学生该如何平衡这么多课程，更不用说对某一方向进行聚焦性的深入学习。

这种课程安排在很大程度上影响了他的授课内容和作业设计。例如，在他教授的一门基础性课程中，他要求学生阅读三篇必读文献，并针对每篇文献撰写 200 字左右的反馈。在他看来，相较于自己在海外的训练，这已是相对轻松的阅读任务。但学生的反馈显示，由于课程负担和作业任务繁重，他/她们很难应对这一要求。最终，他不得不对授课内容进行精简，调整作业量，以便更好地适应国内的教学环境和学生的承受能力。

这一调整，反映了海归学者在教学工作安排上面临的两难困境：一方面，他/她们希望引入国际前沿知识，另一方面，又需要在本土化教学中找到平衡点，即既要保持学术深度，又要照顾到学生的实际学习状况和需求。这使得海归学者在适应国内教育体系的过程中，需要不断调整自己的教学策略和方法，以期达到最佳的教学效果。

如果说对工作安排和授课内容的调整可以通过策略和技巧来应对，那么师生互动方式对海归学者的冲击更为复杂，它不断挑战着海归学者对自己职责的理解以及对在课堂中角色的重新定位。陈老师提到，回国后，他尝试营造更具互动性的课堂氛围，因为这是他在海外学习时所熟悉的教学模式。相较于以"权威"的身份向学生传授知识，他更倾向于与学生平等互动，作为"同伴"参与到学生的讨论中。然而，这一尝试并未获得预期的效果，一位学生课后告诉他，这种方式让自己感到不自在，特别是在需要表达不同意见时感到尴尬和不安。这种反馈令陈老师感到失望，也引发了他对于教学模式的深刻思考。

这种困惑并非个别现象，许多海归学者在访谈中都提到了类似的经历。一位受访者提到，当他在课堂上询问学生对某个知识点的看法时，常常会遭遇令人尴尬的沉默，班级里的学生低着头，似乎都不愿意发言。最终，这位老师不得不回归传统的授课方式，完全由老师单向讲授，从开课到结束，学生几乎没有任何反馈。这种单向、非参与性的互动模式让许多海归学者感到迷茫和无所适从。

除了传统的课堂互动形式，对于他/她们的教育理念来说，学生对批判性思维的抗拒是更大的冲击。另一位受访者提到，自己在海外接受的教育中，最为重要的一点就是鼓励学生从不同的角度思考问题。在他接受的学术训练中，一个核心观点是："要发出自己的声音，而不是简单地重复或迎合别人的意见。"此外，他还学到了"理解和接纳多元性，而不是认为只有一种解决方案是对的"。

当他试图在课堂上融入这些理念时，却发现学生们并不认同这种思维方式。许多学生更倾向于期待一个标准的答案，一个可以背诵的结论，以便在考试中作答。对于他/她们来说，批判性思维似乎并不重要，符合标准、能够使自己通过考试的答案才是最为关键的。这种"标准化"思维让海归学者深感困惑，他/她们努力引导学生超越单一答案，却发现学生依然习惯于寻找"正确答案"，并且缺乏对多元观点和批判性思维的积极回应。这一切都反映了国内外教育模式的差异，也迫使海归学者重新审视并调整自己的教学思路，以期能够在本土化教育环境中找到合适的方法。

（三）公共服务与学术生态

尽管学术界普遍认为，学术工作主要涉及科研和教学两个方面，但作为海归学者，他/她们的工作与生活远远不止这两方面。一位受访者向我展示了其中一个学期的时间分配表，令人惊讶的是，除了科研和教学外，公共服务和其他事务几乎占据了他大部分的时间。这一发现，在某种程度上也反映了他/她们融入国内学术界的过程远不止于科研和教学的范畴。通过长期的跟踪访谈，本研究梳理了学术生态中一些较少被关注的面向，揭示了海归学者在融入国内学术界时所面临的多重压力和复杂性。

首先，多重职责的挑战是许多海归学者提到的一个重要难题。在国内高校，他/她们往往需要扮演多个角色，不仅仅是研究人员和教师，还包括班主任、辅导员、科研秘书、会议组织者以及各类项目的参与者或交流活动的协调者。

一位受访者提到，虽然他愿意做一些公共服务工作，但很难接受与科研和教学完全无关的任务。例如，当学院邀请外校专家来举办讲座时，他被要求去机场接送专家，以表示尊重，这让他感到不适。另一位受访者则提到了对班主任工作的体会，她开玩笑地说，在参加学校培训的时候看到"班主任是学生在校学习生活的第一责任人"这句话时，第一反应是困惑：

学生都是成年人，我也不知道这个第一责任人到底应该做些什么。一个班 50 多个学生，很难去逐一了解大家平时的学习和生活。

与此相关的另一个常见主题是缺乏有效的行政支持以及冗长烦琐的行政流程。一位受访者提到，在入职时，他需要开具之前工作单位的工作证明。他在海外的工作经历涉及多个组织，这个过程变得尤为复杂，他整整花费了三个月的时间进行反复沟通。

其次，在文化冲击和适应过程中，海归学者面临的另一个重要难题是学术氛围和沟通环境的差异。

一方面，几乎所有海归学者都承认，国内的学术会议频次远远超过国外：

只要你愿意，每周都有各种各样开不完的会议。

他/她们普遍认为这类会议更多是一种社交场合，而非学术对话和成果展示的平台。正如一位受访者所说：

没有人会太认真听你说什么，会议的重点永远是结束后的饭局。

这种现象让海归学者们在会后感到了失望和不适应。

另一方面，不少海归学者也感到学院日常的学术交流和互动机会有些匮乏。一位女性受访者分享了她在欧洲的经历，提到那里的学院每周五下午都有专门的"咖啡时间"，这段时间没有任何课程和会议安排，学院提供免费的零食和饮料，鼓励师生之间进行自由的学术交流和互动。回到国内后，她发现周围的同事都很忙，每个人都有自己的工作要完成，很难找到时间进行学术讨论：

> 和在国外比，虽然周围都是自己人（中国人），但在心理上，你感觉大家都离得很远。

这种缺乏沟通的情境让她深感失落。

此外，很多海归学者还提到，国内的学术人际关系更加复杂，这也成为他/她们的一大困扰。国内学术界的竞争和权力结构较为复杂，许多海归学者感到融入并非易事。相较于国外较为平等、开放的氛围，国内的学术生态常常会让人感到无形的压力和疏离感。

再次，考核与待遇问题，也是许多海归学者面临的困难。进入学术界，首先需要了解并适应"游戏规则"（Silverman，1999）。虽然大多数受访者认为学术论文发表是职位晋升的主要考核标准，但随着高校之间竞争的加剧，这种考核标准渐渐变成了一种"数字游戏"。对于那些习惯于国际发表的海归学者而言，这显得尤为不公平。一位受访者感慨道：

> 现在是数字化管理，大家都在比谁发表的文章多。你辛辛苦苦地写了一篇高水平的英文论文，但你的同事一年能发十几篇中文论文，那么你就会被这个游戏淘汰。

近年来，随着博士人数的急剧增加以及非升即走政策在许多高校的普及，很多海归学者表示自己面临的考核标准"水涨船高"，陷入"内卷"——相较于他/她们的学术前辈，新的学者只有付出更多的努力才能获得同样的资源与机会，甚至更少。这种现象与我国高等教育领域的"双一流"建设战略密切相关。

随着高校对学科排名以及各方面发展的追求，大学教师，尤其是海归教师，被寄予很高的期望，他/她们被期望发表更多的论文。这种期待往往以考核制度的方式被固定了下来。例如，一位刚刚担任助理教授的海归学者提到，在 6～7 年的考核期内，他被要求发表 7 篇高水平的论文。而这一要求仅是考核的最基础的部分，能否通过考核，还要看他的其他科研表现以及同行间的竞争情况。

在一次访谈中，一位海归学者分享了科研圈子里流行的一句话：

> 在学术界，没有论文的老师，就像后宫里没有子嗣的嫔妃。

这句戏谑中透露出的是海归学者面临的无奈与压力，体现了他/她们在学术生态中对于"产出"的不懈追求以及由此产生的深层次困境。

在这种激烈而残酷的竞争环境中，尽管许多海归学者仍然对科研和教学充满热情，但他/她们普遍陷入了一个两难的境地——高水平的科研成果无法有效缓解他/她们的生存压力，而低工资成了制约他/她们适应和融入国内学术界的一个重要因素。

根据大多数受访者的反馈，国内高校入门级职务（如讲师、助理教授、助理研究员等）的年薪普遍在 15 万元左右，虽然不同的地区、学院和学科领域间有所差异，但对那些在海外受过多年高等教育和严苛训练的学者而言，这一薪资水平会让他/她们感到不安。

这种经济压力不仅仅是数字上的差距，更是心理上的落差。许多曾经怀揣远大抱负、希望为中国学术界做出贡献的海归学者，逐渐在现实的薪资待遇和工作负担面前感到失望。传统观念中，海归学者被视为"天之骄子"，享有特殊的社会地位和学术荣耀。然而，回国后的实际情况让他/她们自嘲为"学术劳工"或"打工人"。这一变化，既是对高强度科研和教学压力的回应，也反映出他/她们对学术压力与现实待遇之间差距的深刻认知。

最后，本土学术的文化氛围和价值取向是海归学者面临的最大困难和挑战。国内新闻传播学缺乏由学术共同体所创造的明确规则：

> 学科内缺乏基本的共识，有时连什么是好的研究、什么是差的研究都难以区分。所有的理论和方法都来自国外，但很少能对其他学科带来实质性的贡献。

一些受访者认为，正是因为整个领域的学术水平较低，所以非学术性因素，尤其是人际关系，成了学术界的重要力量。

一位受访者直言：

> 我从来没有见过哪个学科像我们一样，一年到头几乎每周都在开会，我们做出了什么惊天动地的成绩，需要天天开会？说白了，就是跑码头、拜大哥、拉关系。

此外，相当一部分受访者认为国内学术界的各主体间缺乏良性的互动。他/她们常常可以从国际发表及国际期刊的匿名评审中获得宝贵的反馈，但他/她们发现，在国内的学术交流活动中，是很难获得有建设性的意见的。

有的受访者抱怨道：

> 我从国际期刊的评审意见中学到了很多，但国内的评审人往往无法提供真正有意义的反馈。

这种差距，不仅体现在学术讨论的深度和广度上，也反映了学术界氛围的封闭和局限。

令人沮丧的是，海归学者发现学术期刊评审和职位晋升制度很大程度上受到人际关系的影响。在涉及职位晋升和职称评定时，结果往往由学校或院系中的人员投票决定。部分海归学者对本土学术共同体的合法性提出了质疑。

一位受访者指出：

> 有的教授连回归分析和相关分析都分不清，怎么评判我的量化研究论文？

更有人指出，当前的考核制度使得"关系"成为影响晋升的关键因素，往往压制了年轻学者的创新性和自主性。

另一位受访者无奈地表示：

> 现在评副教授都是"一人一票"，投谁不投谁是评审说了算。年轻人哪里敢得罪这些大佬，时间和精力都花在了讨好这些大佬上。

在这种情况下，海归学者不仅要面对学术标准的模糊和非学术因素的干扰，还必须在复杂的人际关系网中寻找自己的位置。这种"关系至上"的氛围，显然与他/她们所习惯的以学术成果为主导的评价机制间存在巨大差距。

海归学者对国内学术界的认知和评判，的确常常伴随着深层次的价值判断。受访者们往往用"游戏"来比喻国内学术界的现状，暗示在这场"游戏"中，规则远不如表面上所展现的那般公平和透明。海归学者的表达常常揭示出以下几个核心特征。

其一，独立性差是海归学者普遍关注的问题。有受访者认为，国内学术界过度与社会权力关系纠缠，学术研究往往无法完全脱离外部影响。一位受访者提到：

> 这里面有一个学术独立和自主的问题，我们传统上就有一个知识分子出谋划策的历史，过去是谋士、师爷，今天是智库和各种智囊团。搞科研和做智囊团是完全不同的，但是现在混为一谈，大家觉得既做学者也做智囊团才是一个理想状态，但实际上这种做法是有悖科学精神的，会伤害科学的独立性。

这种观念上的冲突，反映了海归学者对学术自由与研究独立性的坚持，而他/她们发现，国内的学术实践会使他/她们无法保持这种独立性，容易受到政治、行政甚至人际关系的制约。

其二，专业性较低也是海归学者在评价国内学术界时经常提到的一个问题。许多受访者认为，国内学术研究的整体水平较低，缺乏系统性的理论框架和严谨的研究方法。一位受访者指出：

> 以前那些（学术研究）都不是范式，而是前社会科学所进行的摸索……其实国内确实面临很多问题，比如说基本架构没有解决，很多大的问题没有解决，但这个领域过去的研究，更多是大而化之的，比较思辨，严格意义上连批判路径都谈不上。

这种批评反映了海归学者对国内学术研究方法和学术深度的看法，认为缺乏足够的专业性和学术积淀，这使得国内学术界的整体质量无法与国际水平接轨。

其三，关系网络下的规训，是海归学者认为国内学术界最大的特征之一。正因其独立性和专业性较弱，国内学术界以复杂的人际关系网络来维持自身的权威性和合法性。海归学者时常面临着对"本土化"的强烈要求，而这种"本土化"并非指学术内容的本土化，而是要遵循"游戏规则"。

一位受访者直言：

> 大家对于海归的期待是他/她们能够本土化。什么是本土化？就是要求你不要遵循国外的学术规范，而要遵循国内的游戏规则，比如研究国内感兴趣的话题，得到政府的重视，参加国内的会议，玩转国内这套人情关系。

这种对海归学者的期待，反映出一种国内学术界对个人学术实践的"制度性规训"，海归学者不仅被要求放弃部分国际学术规范，还需迎合国内的政治、行政和人际需求。这种状况往往使得海归学者在国内学术生态中面临巨大的适应压力。

值得反思的是，海归学者对于我国学术国际化的认知，常常陷入将学术国际化等同于美国化的思维模式的误区。

许多受访者反思道：

> 我们确实容易将美国当作标准，对照着找中国的问题。好像美国的一切都是好的，中国的一切都是不对的。

从宏观的角度来看，我国的教育体制的确在做赶超美国学术体系和标准的努力。这种追求的背后，不仅是国家要提升大学的国际排名、加强与全球学术界的联系，还是"双一流"建设和教育国际化的战略目标。然而，海归学者的个人体验显示出，这些做法并未真正触及学术实践的核心，更多强调的是结果，忽视了学术本身的深度和创新性。

一位受访者提到：

> 以前我们（院系）以引入美国常春藤的海归为骄傲，现在则是以拒绝这些海归为荣。今年我们的院长骄傲地说，有多少个来自美国或者全球排名前100高校的博士生来面试，都被我们拒绝了。

这种现象反映了学术界的功利主义，海归学者在招聘中的身份已成为一种象征，而非学术能力的实际体现。

这位受访者进一步表示：

> 海归对于他/她们来说是一个符号，我们的用处无非是国际化评比或者学院宣传的时候的点缀。

这种观点揭示了海归学者在国内学术界的尴尬处境：虽然被作为"国际化"的标志引入，但往往不被赋予足够的学术自主权，反而被视为"花瓶"，用于展示学院的国际化面貌。这种对国际化的工具化使用，使海归学者在学术实践中产生了深深的无力感。

在这种背景下，海归学者往往会感到自己在国内学术生态中的角色是一种"象征性"的存在，而非学术界发展的真正推动者。他/她们的价值，更多体现在满足学校对国际化教育的需求和提升学院排名的指标上。这种被"物化"和"符号化"的角色，令海归学者产生了对自身学术价值的质疑与挫败感。这一现象背后揭示的是国内学术界在国际化进程中的一种困境：虽然在形式上追求国际化，但其真正的核心没有得到充分的理解和体现。

因此，对于学术国际化，海归学者进行了深刻的反思，即学术界是否真的能够在全球化的背景下，建立起符合学术规律的国际化理念，而非仅仅将国际化作为提升外部评价的工具和宣传的手段。

第四章 | 适应与发展

——学术写作、身份重塑与实践策略

海归学者归国后，在适应与发展过程中面临着多维度的挑战，来自个人、组织和社会层面的影响相互交织，构成了整体的影响机制。本章中，第一节阐述国际发表与本土写作间的抉择，第二、第三、第四节分别从个人、组织和学术社区/社会层面，探讨影响海归学者学术实践的关键因素。

一、作为社会实践的学术写作

对于海归学者，身处国际学术场域和国内学术场域的张力中，论文发表无疑是他/她们职业生涯中的核心任务。学术写作并非单纯的个人学术生产，而是一种复杂的社会实践活动，受到多重因素的影响。

（一）国际发表还是本土写作：个体的选择困境

与早期研究中常见的对学者语言能力特别是英语熟练度的要求不同，如今，论文发表中的语言选择——英语还是本土语言——正受到更多维度的影响。越来越多的研究揭示了这一过程背后的多重影响因素，包括组织考核标准、学术氛围、文化认同、专业技能以及目标受众的需求等（Flowerdew，2013；Shi et al.，2005；Swales，Leeder，2012）。这些研究提醒我们，论文发表中的语言选择是一种深具复杂性的社会实践。因此，将研究的关注点从单纯统计学术论文的数量，转向对学术写作过程的深入分析，显得尤为必要。

不仅如此，海归学者通常被视为拥有海外文化资本，许多研究也自然地将这一资本视为一种优势。然而，本书强调，海外文化资本既为海归学者提供了独特的机会——它赋予了他/她们国际化经验、全球化视野和潜在的合作关系，也带来了不小的困境。正如有研究（Xu，2009）所指出的，这一资本让他/她们不得不在"发展国际可转化资本"和"建立本土嵌入能力"之间做出艰难抉择。具体来说，刚回国的海归学者常常面临如何平衡国际发展与本土发展的挑战。

一方面，如一位受访者所说：

> 我回国，肯定是为了在国内发展。如果完全按照国外学术界的规则走，那我就不必回来。

另一方面，海归学者也深知国际发表的重要性，正如另一位受访者所言：

> 国际发表才是硬资本，如果你想在全球学术圈流动，国际发表是唯一能保证你流动的资本。

因此，大多数刚回国的海归学者都希望能在中英文发表之间找到平衡。然而，正如前文所提到的，国内外学术界在规范、文化和期望上的巨大差异，加上个人时间和精力的有限性，很快让他/她们意识到了自己面临的困境：

> 多一种选择意味着多一种可能性，但这两条路差异很大，选择一条几乎等于放弃另一条。对我来说，这反而带来了选择的痛苦与焦虑。

现有的大部分研究多集中在对某个单一国家学术场域的分析，很少涉及不同学术场域之间的比较研究。我们认为，海归学者在选择国际发表与本土写作的过程中，实际上也是在两个学术场域之间做选择。这个选择不仅仅是对语言和文化的选择，更是对学术场域内部的互动和融合的反映。具体来说：

不同学术场域之间是越来越趋向融合，还是正在加速分化？

从发达国家回到非发达国家的海归学者，是否能够直接将他/她们在海外获得的经验转化为本土的学术优势？

哪些因素会影响他/她们选择进入某个特定学术场域，而不是另一个？

事实上，随着高等教育的全球化和人才的跨国流动，越来越多的学者在不同国家和地区之间迁徙，多语言写作和发表也逐渐成为学术界关注的焦点（Kuteeva，Mauranen，2014）。正如相关研究（Huang，2010）指出，双语学者面临双重压力：一方面，他/她们需要通过用英语在国际期刊上发表论文来获得国际学术界的认可；另一方面，他/她们还必须通过用母语发表论文，参与本土学术网络。因此，海归学者在这两个学术场域中的选择，实际上涉及学术身份、语言使用、文化适应以及职业发展等多个层面。

（二）国际发表还是本土写作：学术场域的类型学分析

关于这种选择困境，全球范围内的研究揭示了不同地区学者在国际发表与本土写作之间的不同取舍。

例如，在经济发达的香港地区，尽管也有少数学者选择中文发表，但国际发表已经成为人文社科学者的主流趋势（Li，Flower-dew，2009）。

与此不同，在日本，尽管有政策引导推动学术国际化，但人文社科学者在过去几十年间仍然坚守本国语言和本土学术传统，大部分学术成果依然以日语撰写（Ishikawa，Sun，2016）。

以上的差异表明，不同学术场域之间的关系显著影响了学者的写作实践。本研究认为，学术场域的类型在很大程度上塑造了学者在国际发表与本土写作之间的选择。全球范围内的学术场域，可以粗略分为以下四种类型。

1. 英语主导的西方学术场域

这一类型的学术场域强调全球标准和国际化，学者的写作实践更多地面向国际期刊和国际学术界。学术交流通常采用英语，学术成果的评价也高度依赖国际影响力。这类场域包括美国、英国、加拿大和澳大利亚等，这些国家的学术界共享类似的语言、学术训练与写作风格等，身处或在这些场域间流动的研究者较少存在国际发表和本土写作之间的选择困境。

2. 本土话语主导的区域学术场域

在这种场域中，本国语言和本土学术体系占主导地位。尽管学术国际化的压力仍旧存在，但学者依然偏向于使用本国语言发表，侧重于本土文化和社会的需求。这类场域包括日本、法国和朝鲜等，鉴于文化、政治和社会等因素，这些国家本土学术自主性较强，学者主要的学术成果发表在本土期刊上，较少受到国际发表和本土写作间选择的困扰。

3. 双轨并行型场域

这类场域允许并鼓励学者在国际和本土两种语境下同时开展写

作和发表。学者可以根据不同的研究对象和受众选择不同的语言和平台，国际期刊和本土期刊各自发挥作用。这类场域包括我国的香港地区、台湾地区以及新加坡、韩国等国家，这些地区/国家效仿美国等西方国家的学术规范，但某种程度上也保留了本土写作的传统。

4. 互动混合型场域

在这类场域中，国际和本土的学术规范互相渗透，学者的写作和发表实践不再需要在国际和本土间做选择，两种发表方式在交流和互动中实现了逐渐融合。学者会在国际期刊上发布学术成果，同时也要适应本土的学术环境和文化背景。这类场域包括中国、印度和巴西等，这些国家的学术场域处于转型变化期，往往既追求国际发表，又深受本土承诺的影响，因此学者面临的选择困境最为突出。

很显然，处于互动混合型场域的学者面临着国际发表与本土写作之间最为复杂且艰难的抉择。这种情况在我国的海归学者身上尤为突出。随着中国经济的腾飞，国内的高等教育体系和大学经历了前所未有的转型。改革开放以来，中国与全球的链接日益加深，政府颁布了一系列政策，旨在推动建设世界级大学，并促进中国高等教育的国际化。正是在这一背景下，政府和各大高校推出了优厚的政策，以吸引海归学者参与进来，进一步推动中国高等教育体系的全球化。

在这一过程中，国际发表成了中国高等教育国际化的核心指标之一。在中国，发表一篇 SSCI 期刊论文，甚至能够获得 1 万～3

万元人民币的奖励（Miao，Huang，2021）。这些激励措施无疑刺激了中国国际发表量的激增。例如，2000年中国学者在SSCI期刊上的发表量仅为920篇，而到2020年，这一数字已经攀升至38 005篇，增长了高达40倍（发表记，2020）。因此，对于海归学者而言，无论是从政策导向的角度，还是从个人晋升与奖励的角度考虑，国际发表已经成为他/她们的首选。

（三）国际发表还是本土写作：学术场域的动态变化

围绕学术发表的选择，争议一直存在。学术界的两种声音鲜明对立：

一方面，国际发表常常被与中国本土的学术自主性、身份认同甚至民族主义紧密联系在一起。国际期刊，尤其是英语期刊，往往被认为存在意识形态和文化偏见，因此从事国际发表会强化西方学术霸权，甚至可能导致本土学术的"殖民化"。尽管全球化背景下的跨文化学术交流日益增多，这一观点不断受到质疑和挑战，但它仍然在中国人文社科学术界相当常见。

另一方面，近年来，国家的政策导向也在悄然发生变化，逐步将重点从国际发表转向本土写作。2020年2月，教育部与科技部联合印发了《关于规范高等学校SCI论文相关指标使用 树立正确评价导向的若干意见》，明确提出"不以SCI论文相关指标作为判断的直接依据"。2020年12月，人力资源社会保障部、教育部发布的《关于深化高等学校教师职称制度改革的指导意见》指出："对国内和国外的期刊、高水平学术会议发表论文、报告要同等对待，鼓励更多成果在具有重要影响力的国内期刊和高水平学术会议发表"。

这些意见的出台，标志着中国高等教育评价体系中的一些惯例正在逐渐发生调整。

在政府相关政策的指引下，许多高校不仅逐步取消了包括 SCI 和 SSCI 期刊在内的资金奖励，而且在个人职称评审中，也越发重视中文发表。这一转变，意味着国内学术期刊的重要性日益提升，同时也体现了对本土学术的支持与肯定，尤其在提倡学术评价的多元化与公平性方面。对于海归学者而言，这一变化带来了新的机遇与挑战：如何在国内外学术标准与文化认同之间找到平衡，既能借助国际发表提升个人学术声誉，又能为本土学术做出贡献。

这种学术场域之间的动态变化，既给发表实践带来了挑战，也为我们深入考察在不同学术场域流动的海归学者提供了新的机会。基于多年的跟踪性数据，本研究发现，海归学者并非一开始就清晰地选择了自己的职业发展轨迹，甚至在许多情况下，他/她们的选择是经过多次反思、尝试和调整的结果。正如刚回国时对于平衡本土化与国际化的深刻思考，海归学者的职业发展是一个充满了不断尝试、挑战和再尝试的复杂过程。

海归学者的学术选择与融入并非一蹴而就，它是一个长期的适应与调整的过程。有研究者认为，重返文化适应是"一个持续的、永无止境的过程"（Haslberger，2005）。这一过程并非简单地将从海外获得的优势转化为可供自身使用的资本，海归学者所拥有的国际化经验和文化资本并不会自动地提升他/她们在本土学术场域中的地位，而是需要在不断的学习与调适中逐步适应新环境的要求。在这一过程中，海归学者逐渐意识到，无论是选择专注于本土发展，还是追求国际化发展，都会遇到各类障碍和挑战。他/她们的职业发展过程不仅会受到学术标准和语言选择的影响，还会受到组织考核、文化认同、学术氛围等复杂因素的多重影响。海归学者们在不断的摸索与调整中，学习如何在国外和国内两个学术场域之间寻求平衡，如何找到自己独特的位置，这个过程充满了复杂性、多元性和变化性。

基于十年访谈的数据，本研究聚焦于学术写作这一海归学者核心的学术实践领域，并采用扎根理论的研究方法，识别出影响海归学者写作选择的18个变量。通过反复的讨论和协商，我将这些因素归纳为6个次级主题，并最终整理出3个核心的主题维度：个人层面、组织层面和社区/社会层面。由此可以清晰地看到，学术发表不仅仅是个人行为的体现，还在很大程度上受到组织、学术社区乃至更广泛的社会环境的多重影响，因而可以视为一种深刻的社会实践。

学术研究的复杂性和多维度特性，决定了海归学者在选择学术场域时，并非只考量单一因素，而是在多个因素之间进行协商和权衡。从个人层面的研究动机和学术目标，到组织层面的政策和考核制度，再到学术社区和社会环境的影响，所有这些因素交织在一起，共同塑造了海归学者的写作决策。

换句话说，海归学者的写作选择不是孤立的，而是一个多元互动的过程，是个体与外部环境相互作用的结果。因此，理解海归学者的学术写作选择，必须从多层次、多维度来加以分析，考虑所有因素间的相互作用。

二、个人的学术目标与实现

本节的分析聚焦于个人层面，分别从个人能力和个人意愿两个角度进行分析。个人能力包括语言能力、学术能力，以及学术经验与同伴支持，而个人意愿则涉及学术进步、自我实现、学术流动以及价值认同。

将个人层面的因素划分为能力和意愿两个维度，是为了更深入地探讨海归学者在学术写作选择中的内在动因。能力维度包括的语言能力、学术能力，以及学术经验与同伴支持，代表了海归学者在学术活动中所必需的基础素质和资源；而意愿维度涵盖了对学术进步的追求、对自我实现的希冀、对学术流动性的探索以及对学术生态的价值认同，反映了海归学者在职业生涯中对于发展目标的追求、发展路径的适应以及身份认同的渴望。

本节将详细探讨海归学者如何感知、体验并最终选择这些不同因素，以此分析他/她们在面对学术写作选择时的决策过程。这些因素的交织不仅塑造了他/她们的学术实践，也揭示了他/她们如何在多变的学术环境中实现自我价值、推动学术进步。

（一）个人能力

1. 语言能力：双语者的优势与挑战

双语或多语者通常被认为拥有更多的语言文化资本，因此在求职或职位晋升等情境中，他/她们往往享有更多的机会。在访谈中，大部分海归学者认为，他/她们的语言优势主要体现在双语教育背景和相关国际交流合作的参与中。这种优势不仅体现在日常交流中，更体现在他/她们的职业生涯和学术发展上。例如，一位受访者提到，在面试某沿海地区的知名高校时，除了中文面试外，还被要求进行一场英文面试，包括用英文介绍自己的研究、进行 15 分钟的英文授课展示，以及参与英文书面翻译的测试。

尽管许多海归学者，特别是那些在英语国家获得博士学位的，认为这种额外的展示没有必要，因为他/她们在博士项目中已经经历了 3～5 年的课程学习，并通过博士论文答辩证明了自己在听、说、读、写各方面的能力，然而，一位受访者表示，面试中加试语言能力实际上凸显了学校对海归学者的期待。另一位受访者则提到，随着国际传播领域的迅猛发展，无论海归学者的研究领域和方向如何，他/她们都被期待能够在国际传播领域贡献语言能力。这种期望不仅反映了对语言能力的关注，也反映了学术界对国际化和跨文化交流的高度重视。

长期的追踪访谈也揭示了一个有趣的现象：尽管大部分海归学者在英文写作上相比本土学者具有明显优势，但在中文写作中却面临不少障碍。正如前文所提到的，一些海归学者在经历长期的海外生活后，他/她们的母语表达能力，特别是书面写作方面，出现了不同程度的"退化"。这一问题不仅仅体现在日常交流中，更加突出的是学术写作方面。学术写作属于特定学术场域中的活动，其措辞和逻辑表达都有明确的规范和要求。

一位受访者提到：

真的有些苦恼，不知道（中文）论文里的那些词是怎么写出来的。你知道，也看得懂，但就是不知道怎么用中文表达出来。所以现在就是大量去看（中文）论文，去了解大家的写作风格和方式。

这种情况反映了海归学者在重新适应母语写作时所面临的语言障碍和心理困惑。学术写作不仅仅是语言能力的问题，还涉及对学术规范的适应和文化背景的理解。

有意思的是，另一位受访者提到，自己希望学校或学院能提供相关的中文论文润色服务。他指出，在提交英文论文之前，他通常会请母语为英语的专业人士进行修改，而对于中文论文，他也希望能获得类似的支持。目前，他主要依靠学术同人的帮助，比如协助修改论文表达，来提升自己的中文写作能力。这种需求凸显了海归学者在学术写作过程中对专业支持和资源的渴望，也反映了他/她们在适应本土学术环境时所面临的挑战。相关研究也表明，相较于同辈的本土博士，海归学者的中文发表量确实少（余荔，2018）。这不仅仅是因为语言问题，还与他/她们在学术写作中的文化适应和身份认同等多方面因素密切相关。

2. 学术能力：不仅仅是语言

海归学者通常被视为接受过较好专业训练的群体，这一认知也常常被自动等同于他/她们具备较强的学术能力。然而，长期的跟踪访谈结果揭示了一个不同的现实。在国际发表方面，尽管大多数海归学者承认自己在学术领域具有一定的背景和经验，但他/她们普遍认为自己尚未具备独立在国际学术舞台上"单打独斗"的能力。一位受访者坦言：

> 只是去海外念了几年书，说老实话，就是坐在观众席上看别人怎么打比赛，自己根本没有进入场地。能顺利拿到终身制聘任，真正地在学术界立足，才算是一个独立的研究者。

这反映了许多海归学者的实际感受，他/她们在海外更多是参与者而非主导者，尽管有一定的学术背景，但往往处于学习和积累的阶段。

在中文写作方面，许多海归学者刚回国时也面临着严重的障碍。除了上文提到的语言表达问题外，很多受访者认为自己对于国内学术界的熟悉程度远远不足，尤其是在选题、研究路径和方法的选择上。正如一位受访者所说："离开中国的时间太长了，而中国社会变化太快，对很多问题的理解和触感都不够深刻。就好像你抓不住那个核心，总觉得写出来的差点意思，隔靴搔痒。"这种困境说明海归学者在面对国内快速发展的学术环境时，难以迅速适应并提出具有创新性的学术见解。

因此，并非每个海归学者都能完成高效的学术产出。不同类型的海归学者（如博士学位获得地、专业领域、职业路径、回国后的平台、时代背景以及性别差异等）在最终的学术成果中也有显著差异。这种差异进一步揭示了前文提到的"聚光灯效应"，即我们过度关注那些成功的海归学者，忽视了未能进入主流视野的大多数人。这也提醒我们，在评价海归学者的学术表现时，不应只关注那些显而易见的成功案例，还要关注更广泛的人群，了解更多人可能面临的实际困境。

此外，访谈还揭示了一个重要的维度：目前许多海归学者认为，高校的考核体系已经呈现出多样化的特点，既包括论文发表，也涵盖了研究项目申请、公共服务、获奖等方面。因此，海归学者在海外所接受的学术写作和科研训练，并不完全符合国内学术界的期望。在这种情况下，海归学者可能会发现自己回国后的学术道路并非一帆风顺，尤其是在需要适应和满足本土高校对于多维度学术能力的要求时。

从 2015 年开始，相当一部分海归学者在访谈中反映了他/她们在申请研究项目时所面临的显著挑战。在中国高等教育体系中，研究项目逐渐成为职位晋升的一个重要条件。尤其在地方性高校，晋升时往往要求至少有一项省部级项目，甚至教育部的项目。而在全国性高校，要求进一步提升至国家级项目，例如国家社会科学基金项目。这一要求促使研究项目的申请成为海归学者在回国后融入本土时所面临的一个重要挑战。

然而，研究项目与学术论文有着显著的不同。首先，在选题上，研究项目往往需要紧密联系国家和社会的重大议题，而学术论文更侧重于创新性与严谨性。其次，研究项目的写作风格和方式与学术论文大相径庭。项目申报要求的不仅是对学科前沿的了解，还有对政策、社会需求和未来发展的更深刻的洞察力。因此，申报项目时往往需要结合国家和地方的具体需求，这对于大多数海归学者来说是一个陌生且挑战性极大的领域。

由于缺乏专门的培训和经验，以及评审标准具有不确定性，研究项目的申请成为大部分海归学者融入国内学术界时的一大障碍。正如一位受访者所言：

> 论文，不管是中文还是英文，我还是能写出来的。只要努力写，认真修改，大概率也能发表出来，只是发表的期刊可能不是高水平的。但是在项目申报上，真的感觉有点像拆盲盒，你不知道到底怎么样才能命中。

这种不确定性和困惑，往往影响着海归学者的学术归属感和融入，使他/她们在学术界的发展变得更加艰难。因此，本书也呼吁相关高校在对海归学者的培训中，适度加强对于研究项目的指导，通过提供相关的辅导、经验分享和专业支持，帮助海归学者更好地理解国内研究项目的特点和要求，进而更顺利地融入国内学术环境和晋升体系。这不仅有助于海归学者的职业发展，也能够促进国内高校的学术水平提升和国际化进程。

3. 学术经验与同伴支持

学术领域中确实存在大量"缄默的知识"（tacit knowledge），这种知识通常无法通过正式的文本或书本来学习获取，而是通过个体的经验积累和日常沟通来掌握。这类知识在组织管理学中尤为重要，它被认为是提升效率、促进创新的重要基础。缄默知识往往是隐性、非正式的，涉及实践中的技巧、直觉、经验和情境判断等内容，因此很难通过标准化的教育和培训来传递。正如一位从英国回国的受访者所说：

> 在医学、法律等一些专业领域，很多信息、流程和知识都是有明确规定的，对于新人，他/她们能快速跳过一些不必要的阻碍，迅速进入专业轨道。但是在高校中，好像都是需要自己去问、去聊、去沟通，才能知道很多坑在哪里。

这种情形反映出学术领域中"缄默的知识"的独特性和获取难度。新进入这一领域的学者，特别是海归学者，往往需要花费大量的时间和精力去与同行交流，向经验丰富的学者请教，以便了解如何更好地适应本土学术环境，避免走弯路。由于这种知识的隐性和非结构化，它往往在学术领域内部流动，对外部新人来说，获取这些知识的途径并不直接。这也加剧了海归学者在转型和融入过程中所面临的困难，尤其在与国内学术界的互动中，如何获取、理解和运用这些"缄默的知识"，往往成为他/她们职业发展的关键因素。

在本书的上半部分，我们提到，海归学者在刚回国时常常面临一个陌生的学术环境。从对国内学术期刊的基本了解，到熟悉投稿流程，几乎所有这些"缄默的知识"都需要通过经验的积累来掌握。通过访谈，我发现，很多海归学者会通过建立私人关系或合作网络来获取这些宝贵的信息。回国初期，许多海归学者依旧保持着与海外导师和学术同伴的紧密联系，他/她们依然采用自己熟悉的学术工作方式，继续从事国际发表。一位受访者曾坦言：

> 大多数时候，我还是得依赖与海外导师或同学的合作，确保我的国际发表顺利进行。

只有少数海归学者逐渐转向与国内学者或学生展开合作。

我在访谈中发现，这种小规模、稳定的合作关系对海归学者顺利融入国内学术环境、了解国内学术生态以及尝试中文写作起到了关键作用。我们可以看到两个鲜明的案例。第一个是某位受访者，回国后依然积极与海外团队合作。对于他来说，团队成员间的共识是显而易见的——大家都在为国际发表而努力，这是他/她们共同的目标。另一位受访者则与自己指导的博士生建立了密切的合作关系。他自己拥有国际背景，他的博士生则对中文写作更为熟悉。这位受访者半开玩笑地说，自己从学生那里学到了许多中文写作的技巧。这两个案例生动地展示了海归学者如何通过合作关系填补知识空缺，逐步适应并融入国内学术环境。

（二）个人意愿

1. 学术进步

当海归学者毕业后进入职场时，尽管他/她们已然成为独立的研究者，但这一身份的转变并不意味着他/她们的学习过程已经结束。正如一位受访者所言：

> 这时候，需要尽快转变角色和心态……以前很多事情可以和导师商量，包括论文的选题和修改，但现在自己也成了导师，需要成长。

这一学习过程，往往依赖于与学术共同体的互动，特别是论文写作与发表方面。每一篇论文的投稿、修改，都是在这种互动中完成的，包括与编辑的沟通、匿名评审的反馈以及不断的修改和调整。

许多受访者提到，他/她们对国内外的投稿经历有着不同的学习感受。普遍来说，他/她们认为在国外投稿往往能收到更为细致和认真的反馈。一位受访者回忆，他第一次经历匿名评审时心情十分复杂。一方面，三位评审人的详细反馈足足有十几页，密密麻麻的，令他感到压力巨大；另一方面，他也深受感动，因为这些评审人显然认真阅读了自己的论文，并提供了详尽的评审意见：

　　至少证明他/她们真的看了我的文章，给出了具体且中肯的建议。

当然，也有一些受访者提到，他/她们的稿件在国际发表过程中遭遇过不公平的待遇，比如对语言表达的批评，或者对中国议题在普适性上的质疑。但他/她们也普遍认为，这些都是进入国际学术舞台所必须经历的阶段。

相比之下，国内的投稿经历则呈现出不同的面貌。一方面，许多受访者认为，当前国内期刊的投稿系统相对滞后，一些期刊甚至采用传统的邮箱投稿方式，而不是标准化的在线投稿系统，这导致投稿者无法实时查看稿件的处理进度。另一方面，在评审反馈上，受访者普遍认为国内期刊的评审意见较为简略，通常只能收到一两份。在学理层面，国内评审人的意见往往不像国际评审人那样尖锐和有建设性，他/她们觉得这些意见缺乏深度和细致的分析。对此，许多受访者在访谈中表达了复杂心情：一方面，他/她们渴望能收到有价值的评审意见，从中汲取养分，推动自己的进步；另一方面，他/她们也希望评审人能提供一些简单、正面的建议，帮助自己尽快完成论文修改并顺利发表。

这种双重情感的交织，恰恰体现了海归学者在国内外学术环境的不断碰撞中的学习过程。既希望得到更具建设性的反馈，又有对快速发表的现实需求，而二者之间的平衡，常常是海归学者在回国后的学术适应中不可忽视的挑战。

2. 自我实现

学术研究作为一份职业，往往被定义为创新、发展和知识的源泉，研究者对自己与工作通常寄托着更大的期待。许多人认为，学术写作不仅仅是完成工作任务，它还承载着对个人水平和能力的体现，尤其是自我表达与自我认同。从马斯洛的需求层次理论来看，自我实现属于超越基本生理需求、安全需求、社交需求以及尊重需求的更高层次的需求，它体现了个体对于个人价值、理想和抱负的极致追求。

在访谈中，当被问及学术发表的目的时，许多年轻学者提到的依然是完成考核、职位晋升，甚至是获得荣誉与认可等现实需求。然而，随着经验的积累，较为成熟和资深的学者开始更多地思考一些更为深层的命题。他/她们会反思，学术研究究竟为何而做？学术发表的终极意义是什么？这种对自我实现的追问，实际上是所有研究者在职业发展中不可避免的阶段。

对于海归学者而言，每个人对于自我实现的定义都有所不同。部分受访者认为，作为海归学者，能够撰写英文论文无疑是他/她们与本土训练博士的重要区别所在，也是他/她们的成就感和价值感的主要来源之一。对他/她们而言，国际发表不仅代表了他/她们的学术能力，更是全球学术认同的一种象征。而另一部分受访者强调，对于学者而言，能够在学术界的知名期刊，尤其是顶级期刊上发表论文，才是他/她们职业生涯的真正追求。与国内期刊相比，许多海归学者更倾向于在国际学术顶刊上有所突破，获得更多的国际影响力。这种对学术发表的期待与追求，不仅反映了他/她们职业生涯中的个人价值与成就感，也深刻体现了他/她们作为学者对自身理想和学术自由的不断探索。无论是国内期刊还是国际期刊发表，这些经历都是海归学者在不断追寻自我实现的过程中迈出的重要步伐。

3. 学术流动

在全球化的背景下，流动性已成为教育领域的显著特征。这种流动不仅体现在博士学位期间的跨国求学，也体现在毕业后的求职迁徙以及学术生涯中的频繁流动。学术流动与地理位置、组织需求、个人意愿、家庭状况以及薪水和职称等多重因素息息相关。对于受访者而言，学术流动的关键影响因素之一便是学术发表。许多受访者提到，能否在学术市场上获得更多流动性，尤其是向上流动的机会，往往取决于能否发表足够多、足够高质量的论文。因此，他/她们形象地将论文比作"硬通货"。正如一位受访者所言："硬通货决定了我能否在就业市场上卖个好价钱。"

这种"好价钱"通常指的是被顶尖学术机构以更高薪水和职称聘用，甚至获得丰厚的安家费、科研启动经费以及人才奖励等。我在跟踪访谈中，发现不同学校和组织对于"硬通货"的定义存在差异。一般来说，学术界广泛认可的"硬通货"包括发表北大核心（《中文核心期刊要目总览》）、南大核心（中文社会科学引文索引）

等，同时越来越多的学校根据这些标准制定了各自的期刊目录，这些目录往往是在已有的南大核心的基础上进一步筛选和补充的。

需要特别说明的是，英文期刊论文也被视为"硬通货"之一。有的学校依据美国科学信息研究所（Institute for Scientific Information，ISI）发布的 SSCI（社会科学引文索引），而另一些学校依据中国的学术期刊分区——例如中国科学院期刊分区。总体而言，"硬通货"代表着发表学术界公认的高水平期刊，而高校通常依据这些期刊的发表情况对学者进行考评和奖励。

在访谈中，受访者提到的学术流动主要集中在国内范围，南大核心的发表被视为最为关键的"硬通货"。而对于那些希望在港澳台地区甚至全球范围内获得流动性的学者而言，英文期刊的发表成为他/她们的"硬通货"。这一差异充分体现了学术界不同地区和机构对论文发表质量和影响力的不同期许，也揭示了学术流动性如何与学术发表直接关联，成为学者职业发展的重要资源。

4. 价值认同

学术论文的撰写不仅与学者个人的学术能力和学术发展密切相关，还与学科进步、国家认同以及全球学术话语权等多重因素息息相关。正如前文所提及的，议题的选择、问题意识的形成、理论框架的构建等，往往与学者的个人立场和价值观紧密相连。对于海归学者而言，这背后往往潜藏着国外学术体系的影响——国外学术环境塑造了他/她们的问题意识和研究视角，即他/她们认为哪些问题是有价值的，哪些选题是值得深入探讨的。

海归学者回国后，他/她们不仅要面对国内外两个截然不同的学术场域，还必须处理好与价值认同相关的深层次问题。表面上看，这似乎是学术写作中的语言问题，然而，这实际上体现了学者们对不同学术范式甚至不同学术群体的认同。比如，某位受访者提到，她的研究对象是国内的乡村，而国外的理论往往无法直接对应中国的现实。因此，她不愿意为了在国外期刊上发表论文而生硬地将中国的社会现象强行转化为符合西方学术口味的故事。她倾向于依托国内的学术对话和讨论撰写中文论文，以更贴切地开展中国语境下的研究。

需要特别强调的是，在访谈中，有受访者提到，选择写中文或英文论文并非简单的学术范式认同问题。很多受访者指出，中文论文的发表并不意味着认同国内学术界的所有范式，英文论文的发表也不等同于完全接纳国外学术界的研究逻辑和标准。正如一位受访者所言：

> 每篇文章的情况都不同，作者需要综合考虑多种因素，判断这篇文章究竟适合用英文还是中文发表。

这种选择过程，实际上是对学术研究所处的多重文化背景与学术框架的深刻理解和调适，是学者在跨文化学术流动中的一种智慧和权衡。

三、组织的政策与考核制度

本节聚焦组织层面，主要从激励/支持政策和考核制度两个维度展开分析。激励/支持政策涵盖荣誉和认可、资金支持以及学术基础设施建设，考核层面则包括对学术成果的数量与质量要求。

（一）激励/支持政策

1. 荣誉和认可

每位研究者在学术界都需要积累个人的学术声誉，而这一声誉不仅取决于其学术成果的质量和数量，还与所处的学术机构的声望以及他/她与学术共同体的互动密切相关。学术声誉的展示和证明，在论文发表、求职、晋升和评奖等环节中，往往是不可忽视的因素。因此，来自组织的激励和支持对学者的职业发展具有重要作用，这种支持可以是物质层面的奖励，也可以是精神层面的荣誉和认可。

例如，一位来自西部院校的海归学者提到，自己刚回国时发表了一篇英文论文，学院随后在官网首页对此进行了宣传，这一举措对他产生了极大的鼓励。这种公开宣传不仅让学者感到自己的研究得到了肯定，也提升了他/她们在学术界的能见度和影响力，进一步增强了学术成就感和职业认同感。特别是对于年轻学者来说，这种来自学术机构的认可，能够显著提升他/她们的自信心，并为未来的职业发展积累更多的资本。

这种荣誉和认可，不仅能增强个人的自我价值感，也能对职位晋升产生积极影响。尤其是在竞争激烈的学术环境中，学者们需要通过不断的学术发表和学术交流来证明自己的学术能力，组织的物质性激励和精神性支持，无论是通过奖项，还是公开宣传，都能起到非常重要的正向作用。这种支持不仅有助于提升个人的职业信心，也能激励他/她们继续在学术道路上迈步向前。

对于中年及资深的海归学者来说，他/她们更加关注具体成果，比如职位晋升、获得荣誉称号等。许多副教授/副研究员级别的受访者都表示，他/她们希望通过进一步的学术表现获得晋升，升至更高职级成为他/她们职业发展的重要目标。一位教授级别的海归学者在访谈中提到，为了晋升为资深教授，他需要通过持续高产的论文发表来满足组织的考核要求，从而提升自身的学术地位和影响力。

在这一过程中，相对于英文论文，中文论文的发表确实存在一定的优势。首先，中文论文的写作和审稿周期通常较短，且相较于英文论文，对语言能力的要求较低。其次，中文论文的受众主要是国内学者和学术机构，相较于英文论文面向的国际学术界，中文论文更容易被国内同行理解和接受。

然而，尽管中文论文在国内学术界有其便利性，海归学者依然面临着在国际学术界和国内学术界之间寻求平衡的问题。尤其是那些期待在国内高等教育和研究机构中晋升或获取更高荣誉的学者，他/她们必须在发表数量和质量上持续努力，以满足所在组织机构的考核要求。对于这些中年及资深学者而言，发表中文论文成为一种较为实际和可行的选择。

2. 资金支持

确实，尽管学术研究常被视为一种精神层面的追求，且学者通常被描绘为追求知识和真理的人，但物质激励和经济补偿在他/她们的职业选择中扮演着越来越重要的角色。尤其对于海归学者而言，经济压力和家庭责任常常成为他/她们选择研究方向时的重要因素。

　　对于许多海归学者来说，完成海外博士训练后，他/她们通常已经到了 30 岁左右，进入了人生的关键阶段。在这一阶段，结婚、育儿等家庭责任逐渐成为他/她们做职业选择时的重要因素。正如一位受访者所说，选择工作地点和职位时，会充分考虑生活成本和家庭经济负担。尤其是在一线城市如北京、上海和广州，尽管这些城市的学术资源和机会丰富，但其高昂的生活成本和相对较低的薪资水平往往让学者们感到难以承受。因此，许多海归学者选择了二线城市，既能够享受相对较低的生活成本，也能够获得相对较好的工作机会。

　　在这样的背景下，安家费和经济补贴成为高校吸引海归学者的重要手段。一些高校为吸引优秀人才，会提供丰厚的安家费、科研启动经费以及人才奖励等物质激励，帮助学者缓解经济压力。这种经济支持不仅减轻了海归学者的生活负担，也能在一定程度上帮助他/她们专注于学术研究，从而提高了他/她们的工作积极性和学术产出率。

　　因此，尽管学术研究本质上是一个追求知识和真理的过程，但经济压力和家庭责任无疑已经成为海归学者职业选择的重要背景因素。在这种情况下，物质奖励成了学术界的一部分，并且越来越多地影响着学者们的发展方向。

　　在当前的学术环境中，许多高校通过奖励计划来激励学者的学术产出，这种奖励机制不仅体现了学术机构对学者的生活支持，也反映了学术界对论文数量和质量的高度重视。奖励形式包括从单篇论文奖金到根据所发期刊的级别和语种折算工分等。然而，正如一位受访者所提到的，学者们在投稿时也会思考如何最大化奖金的转化率。

这种外部奖励机制具有功利性动机的特征，正如有研究者（Lei，Jiang，2019）所指出的那样，研究者的动机并不仅仅源自内在的学术兴趣和知识追求，更多时候是为了满足外部的奖惩制度和绩效评估。这种功利性动机虽然在短期内有效地提升了学术产出率，但也可能带来一些长期的负面影响。学者们为了追求外部奖励而选择在发表期刊论文的数量和质量上做出妥协，可能会影响学术研究的深度和创新性，甚至导致研究趋向功利性，缺乏对学术真理的真正追求。

例如，某位受访者提到他通过"按照游戏规则玩"来获得高额奖励，即大量发表符合学院要求的论文，获得了50多万元的奖金。这种方式虽然能够迅速提升其收入，但也表明，在某些情况下，学者的学术活动会受到外部奖励机制的强烈驱动，而非出于纯粹的学术探索。另一位受访者提到，学院认可的期刊中包括一些付费的开放获取期刊（open access），这些期刊虽然版面费较高，但更容易发表，学者依赖于学院提供的奖励来补贴这一花费。这种模式进一步加剧了学术出版的商业化趋势，并可能影响研究的独立性和学术标准。

因此，虽然外部奖励机制能够有效提高学术产出率和学者的工作积极性，但长期来看，这种机制可能导致学者更多地考虑如何满足外部要求，而非追求真正有意义的学术创新。这可能会对学术研究的质量和深度产生一定的影响，值得进一步探讨和反思。

3. 学术基础设施建设

在学术领域，基础设施通常与自然科学密切相关，尤其是先进的实验室和专业的科研设备。而对于人文社科领域的研究者来说，基础设施似乎仅限于书籍和相关的文献资料。然而，经过长期的跟踪访谈，我发现这种传统观念值得商榷。对于海归学者而言，选择学术路径时，他/她们同样需要关注基础设施建设，尤其体现在以下几个关键方面。

首先，学术数据库的获取至关重要。对于社会科学研究者来说，了解国内外的前沿文献是日常工作的基础。因此，图书馆内的书籍，特别是期刊论文数据库，是学术研究的核心基础设施。大多数受访者所在的高校都采购了如中国知网和万方等中文学术数据库，但对于像 Web of Science 等英文数据库的购买，尤其在中西部及偏远地区的院校，往往存在较大不足。

其次，人力资源的匹配与支持。一位受访者提到，海外博士项目中，学校为研究生提供的学费豁免通常需要通过担任研究助理或教学助理来获得。而对教师而言，研究助理在基础性协助工作上同样扮演着重要角色，例如进行数据采集、文献整理等。尽管有些高校设置了研究助理的岗位，但由于薪资较低且相关政策不够完善，其作用未能得到充分发挥。

最后，软性制度和管理政策同样是海归学者必须面对的挑战。一位受访者在谈到国际发表时提到，许多社科类研究项目会要求提交研究方案，并且必须说明该方案是否已通过学术伦理委员会的审批。这项程序，尤其在西方学术界，已成为研究项目的基本要求。研究者需要详细说明研究计划，尤其是对被研究者可能带来的潜在影响，并制定相关的预防和规避方案。这种要求背后体现的是对被研究者的尊重以及学术公正的追求。然而，在国内许多高校，由于缺乏相应的学术伦理委员会和制度保障，研究者往往只能寻求替代方案，如通过合作者所在单位的学术伦理委员会审批，或请被研究者签署知情同意书。

这些基础设施和制度性挑战，虽常被忽视，但对学术研究的开展有着深远的影响。尤其对海归学者来说，在国内外不同的学术环境中找到平衡，不仅考验他/她们的学术能力，也挑战他/她们对学术价值的坚守。

（二）考核制度

1. 发表数量：多多益善

目前，中国已经超越美国和英国，成为全球学术论文产出最多的国家。在这一学术大生产的浪潮中，几乎每位研究者都被要求尽可能多地发表论文。正如一位受访者所言，刚进入高校时，他便被告知相关的考核标准，特别是对论文数量的要求。对他来说，这个目标是中等偏上的任务，既不是遥不可及的，也不是轻松可得的，而是需要在未来六年中不断努力完成的。访谈中，很多受访者提到"数篇数"，反映出论文数量的考核对他/她们来说是一项重要且持续的压力。甚至有一位受访者分享了一个令人深刻的例子——有一次她半夜睡不着，起床打开电脑，重新梳理自己已经发表的论文的数量。这种明确的数量要求所带来的压力，显然已经渗透到了她的日常生活中。

不仅如此，绝大多数受访者提到的都是阶段性考核，例如每3～4年进行一次评估，只要在这个时间段内完成相关的论文发表，便可以顺利"通关"。然而，也有少数受访者提到他/她们所在的院系采取的是年度考核，即每年都需要有论文产出，否则下一年度的绩效工资会受到影响。这对于一些人来说，是更大的压力。正如一位受访者所说，研究的周期和节奏，决定了她无法做到每年均匀产出论文，尽管她在三年的总体考核中完成了任务，却在连续两年的年度考核中未能达标。

与此同时，海外论文的发表周期相对较长，这使得海归学者在现有的考核体系中感到吃亏。一位受访者提到：

> 目前的考核体系依然注重论文数量，而一篇英文论文通常需要两年左右的时间才能发表。如果我选择国际发表，除非我特别强，能在一年内发表几篇，否则就很容易在这个体系中被淘汰。

这种情况凸显了国内对发表数量的过分依赖，也使得海归学者在面对国内考核体系时，面临着更多的困难与挑战。

发表数量的压力不仅来自具体的数字和节奏要求，还受到各方利益相关者的深刻影响。我的访谈揭示了两种主要关系的影响：一是同辈竞争的压力，二是指导学生发表论文的压力。

其一，同辈竞争的压力。许多受访者提到，尽管合同中明确规定了论文的数量，但这仅仅是考核的基本要求。是否能够续签合同或晋升，往往取决于与同辈研究者的比较。如一位受访者所言，

"内卷"成了一个常被提及的词。在她看来，内卷描述了学术界日益激烈的竞争氛围。作为一个学术概念，内卷最初指的是农业社会中精耕细作所带来的收益与投入之间的不成比例，而如今这个词已经被广泛用来形容过度竞争。这位受访者进一步解释道，当前的晋升通常采取差额淘汰的政策，意味着所有候选人都能满足基本的入门条件（例如完成规定的论文数量），但最终的脱颖而出，取决于谁能够在此基础上继续发表更多的论文。因此，大家都在这一过程中争先恐后，力求通过更多的论文发表胜出，这种竞争的加剧无形中加重了人们的心理压力。

其二，指导学生发表论文的压力。根据访谈，大部分高校依然对博士生的毕业论文发表有明确要求，甚至一些高校将这一要求拓展到了硕士生。这种对学生发表论文的要求，直接影响到了导师的工作。许多受访者认为，作为学生的导师，他/她们有责任帮助学生完成论文发表的任务。然而，部分受访者指出，这种压力最终大多落在了导师身上，因为很多学生并不具备独立撰写并发表论文的能力。导师不仅要指导学生的研究工作，还要花费大量时间和精力帮助他/她们克服论文写作的困难，最终使得这一任务成为导师的沉重负担。

这种压力的叠加，无疑使得研究者的工作任务变得越加繁重。在这样的环境中，论文发表不仅是个人学术发展的标尺，更成了生存竞争的资本，而竞争的激烈程度和对论文数量的过度追求，也给学术质量和创新带来了一定的隐患。

2. 发表质量：水涨船高

在考核体系中，并非所有的论文发表都会被认可，特别是当学者在不同国家或院系间流动时，他/她们会面临不同的规定和标准。一位海归学者提到，尽管在国外，他的研究大多通过同行评审（peer review）的流程以书籍章节的形式得到了发表，并且这些成果在他所任职的英国学校得到了认可，但回国后，这种形式的发表不被国内高校接受。在中国，大多数高校只认可期刊论文，尤其是那些被特定数据库收录的期刊论文。

在我国的人文社科领域，最为认可的论文数据库包括 CSSCI（中文社会科学引文索引，即南大核心）和 SSCI。CSSCI 是由南京大学社会科学研究评价中心组织评审的，专门用来检索中文社会科学领域的论文收录情况和文献引用数据。该数据库定期从全国范围内的各类人文社科期刊中筛选符合标准的优秀期刊，通常我们所说的"C 刊"就是指这些期刊。与此类似，SSCI 是由美国科学信息研究所创建的，用于标注全球各学科领域的优秀学术期刊。

在中国的"双一流"建设和学科排名中，科研成果，尤其是 CSSCI 和 SSCI 收录的论文，通常被视为评估学者学术水平和科研能力的重要指标。因此，国内高校在对教师进行考核时，往往以这些指标为标准，要求教师发表符合要求的论文。这使得学术界的评价体系不仅强调论文数量，更加重视论文的质量和影响力，尤其是要求发表能被国际学术界广泛认可的期刊文章。

对于海归学者来说，这种学术评价体系间的差异无疑会带来挑战。在国外，他/她们的研究成果可能已通过同行评审并在有影响力的期刊或图书中发表，但回到国内后，他/她们可能需要重新适应国内对学术发表的严格要求，并投入更多的时间和精力去迎合国内期刊的发表标准。这种学术认同和评价标准的差异，使得海归学者在回国后面临的不仅仅是学术内容的适配问题，更涉及如何在国内学术环境中获得承认与认同。

对于很多海归学者来说，国内学术评价体系和期刊发表要求往往是陌生的，尤其是对于从英美等发达国家留学归来的学者来说，他/她们在海外的学术经历与国内的考核标准间存在较大差异。在英美等大多数发达国家，大学通常不把学术发表作为取得学位证书的强制性要求，进入学术轨道后的学者也不被强制要求在特定种类或性质的期刊上发表论文。正如一位英国海归学者所提到的，同行评审是一个重要的标准，而对期刊的选择主要依据其在特定学术领域内的声誉和认可度，通常不需刻意追求期刊类型，尤其是 SSCI 期刊，虽然一些期刊并未被列入 SSCI，但仍然受到学术共同体的认可。

当我询问这些海归学者，他/她们是否认为海外认可的期刊大多数属于 SSCI 系列时，大多数受访者认为，考核要求明确规定必须在特定的期刊上发表论文，会带来更大的压力，因为学者会为了满足考核要求而不得不选择某些特定期刊。有些期刊在学术共同体内被默认为较高水平的期刊，如果这些期刊也可被纳入选项，学者就会感到相对宽松，能有更多的选择余地。

随着我国学术国际发表数量的激增，自 2018 年起，越来越多的高校和院系开始逐步采用类似自然科学领域的考核方式，对期刊进行分区，并根据期刊的影响因子进行评定。例如，一些高校将中文期刊划分为顶级期刊、A 刊、B 刊和普刊，英文期刊则分为一区、二区、三区和四区期刊。南方的某些高校在考核中承认英文一区和二区的期刊，三区和四区期刊则对应中文的普通期刊。而在一些全国重点大学中，职位晋升和考核甚至只承认英文一区期刊中的某些顶级期刊。这种对期刊级别的高度重视，以及对期刊分区的严格要求，极大程度上影响了海归学者在发表上的选择。

这些变化对于海归学者来说是很大的挑战。在国外，他/她们习惯了较为宽松的学术环境和评审标准，但回国后，他/她们需要快速适应国内对发表数量的严格要求，以及对发表质量的重视，这无疑增加了他/她们在学术发表过程中的难度和压力。

四、学术社区/社会环境的影响

本节的分析聚焦学术社区/社会环境的影响。学术社区层面包括同辈压力、学术社区文化与组织关系，社会环境层面则关注社会期待、社会对话以及生存压力。

（一）学术社区的影响

1. 同辈压力

同辈压力是指个体在某个社群中受到的同辈施加的影响，这种压力可能会直接或间接地作用于一个人的行为、决策或价值观。其核心表现为群体的集体性压力，而这种压力源自个体对群体的认同和归属感，以及在这种认同下所衍生出的对"是否有资格成为群体成员"的焦虑。换言之，个体出于融入群体的愿望，害怕被排除在外，往往会做出妥协，以迎合群体的期待。在学术领域，学者在不同年龄、学术阶段或职称等级的背景下，往往会找到自己所在的群体，并因此感受到来自同辈的压力，进而调整他/她们的学术写作和研究方向。

在一次访谈中，一位曾在美国深造的受访者分享了自己的困扰。他提到，过去几年他一直不敢参加海外的国际传播学会年会——这是一个在新闻传播领域非常有影响力的国际会议。每次看到自己曾经的朋友或同学时，都会感到一种巨大的压力：

> 看到他/她们的研究和写作，感觉他/她们一直在往前进步，跑得特别快。尽管我们当时的起点差不多，但这些年，我的成果并不突出。当别人问我在做什么研究时，我都会感到特别不好意思。

如果将这种经历视作来自海外的同辈压力，那么我在访谈中也发现，随着海归学者在国内逐渐扎根，这种同辈压力往往会从国外学术界的压力转化为国内学术界的压力。

正如一位受访者所说：

> 参照体系会发生变化，我不再和当年在海外的同学或同行进行比较，因为我们所面对的考核标准和环境不一样。

在同辈压力的影响下，英文论文的写作开始变得"只是一个存在的证明，是能力的体现，并不是主战场"。另一位学者形象地将这种现象比作"点缀性"的发表实践——在个人简历或学术介绍中，确实需要有几篇国际期刊的英文论文，"这样可以证明自己有这个能力，能够发表英文论文"；但国际发表不能占据主导地位，因为在国内,"大家主要还是看中文研究,这才是了解和认识你的主要途径"。

这种现象反映了海归学者在面对国内学术环境时的适应与妥协。在国外学术界,他/她们感受到的同辈压力迫使他/她们不断进步;然而,回到国内后,他/她们又必须在不同的学术生态中重新定位自己,调整发表策略,以符合本土学术评价体系的要求。

2. 学术社区文化

学术研究本质上是学术共同体之间的对话,而学者生活在特定的学术场域中。我们可以将每个场域视为一个特定的学术社区。作为一个学术概念,"社区"一词最早由德国社会学家滕尼斯(Tönnies,1887)提出,指的是一群共享相同文化或受到相同制度影响的人。因此,社区本身就蕴含着强烈的集体身份认同感和归属感。这一概念和视角后来被广泛讨论和延伸,学者们从公共性、团体性甚至地域性等多个层面进行了探索。

例如,在《想象的共同体》(*Imagined Communities*)一书中,安德森强调了媒介、语言和文化如何超越实际的面对面互动,塑造了个人的民族身份认同(Anderson,2020)。在这种意义上,学术社区可以被视为一种"想象的共同体"。在学术社区中,学者们通过共同阅读他人的成果,并在自己的研究中与他人对话,逐渐锤炼自身的学术身份与认同。这种对话通常体现在文献综述部分,学者们通过与他人观点的碰撞和对话,既展示了自己的学术立场,也在不断塑造和强化在学术共同体中的角色定位。

在这个过程中,学术社区并非单纯的地理聚集体或局限于某种学科范围，而是由共同的知识追求、理念、语言和规范构成的一个动态的群体。学者们通过这个平台交流思想、争论理论，进而推动学术的发展。这种交流不仅限于已知的领域，也包含着对未知领域的探索与创新，从而不断重构学术共同体的边界和内涵。

在长达十年的访谈中，我观察到我国新闻传播学的学术社区文化经历了一次显著的转型，从最初的追逐国际发表，到逐渐重视本土写作，这一变化深刻影响着海归学者的学术发表与实践。

大约在 2014 年，随着中国教育全球化的加速，特别是各大高校在全球大学排名中的竞争日益激烈，国际化的研究成果被视为提升大学声誉的重要手段。许多受访者提到，他/她们所在的学院在此背景下极力提倡国际发表，某位教授能够在国际期刊上发表论文，也往往会赢得同行的羡慕与尊重。在这种学术社区文化下，能够在国际学术舞台上展示自己的科研成果成了许多学者追求的目标。许多受访者表示，他/她们的首要目标就是在国际期刊上发表论文，以此来证明自己在全球学术共同体中的地位。

然而，随着我国文化自信的增强以及对于学术自主话语体系建设的呼吁，学术共同体日益重视本土发表。尤其是近年来，随着"走出去"和"引进来"战略的调整和深化，越来越多的学者意识到，应该把自己的重要研究成果呈现给国内学术界。一些海归学者表示，大家普遍认为，重要的研究议题应该在"祖国的大地上"发表，因为这不仅是对本土学术的贡献，也是对国家和民族的责任。因此，越来越多的学者开始转向中文写作与发表实践。

这一转型不仅反映了学术共同体的内在文化变化，也彰显了中国学术界在全球化语境中的自我定位。在过去，国际期刊的发表被视为通向学术成功的"黄金标准"，但如今，随着对本土话语体系建设与文化自信提升的提倡，海归学者们逐渐认识到，本土发表同样能够为学术界带来深远的影响。在这个过程中，学者们不仅要回应全球学术界的需求，还要在国家发展的框架下贡献自己的力量，推动国内学术界的繁荣与发展。

3. 组织关系

在组织制度层面，关系的建立与维系被认为是困扰海归学者的最大难题，这一点与之前的研究结果不谋而合。例如，在中国新闻传播领域，"关系"被认为是学术期刊发表中的核心要素（Li，Lee，2014）。在我们的访谈中，受访者提到了一个生动的隐喻：

> 国内学术江湖很复杂，你总得找到一个合适的插头，才能进入，否则就是学术圈的孤魂野鬼。

"插头"这个比喻形象地描述了海归学者融入本土学术环境过程中的复杂性。它反映的是海归学者如何在既定的学术环境中找到自己的位置，以及如何在这个庞大且复杂的关系网中做到游刃有余。

我的访谈揭示了这一过程的典型表现形式：有的学者通过重续老关系来打入国内学术界。

> 我放弃了那个知名高校，来这边，是因为我是这边毕业的，之前的硕导也在这边，没人罩着不行。

一位受访者如是说，强调了老关系对于海归学者职业发展的重要性。另一些学者则通过频繁出席学术会议、参与博士后研究、与本土资深学者合作项目或论文等方式来拓展新关系，努力在国内学术界找到自己的位置。然而，尽管采取了这些努力，许多海归学者仍然感受到强烈的身份认同困扰。正如一位受访者所言：

> 有时候真的不能认同他/她们做的（研究），但国内都是花花轿子大家抬，你总有需要别人帮忙的一天。

这种身份认同困境在学术实践中显得尤为突出。一位海归学者坦言：

> 写英文没人看，你以为写中文就有人看吗？除了你自己和硕士、博士，大部分学术论文都被束之高阁。

这句话折射出的是国内学术界对不同类型研究成果的不同关注度，也揭示了海归学者在文化与语言的双重鸿沟中所面临的挑战。虽然有些学者得到了国内同行的认可，但他/她们仍然感叹："即使得到了他/她们的认可，又能怎么样？"这种情绪反映了海归学者在国内学术界中尽管得到了一定的接纳，但依然无法完全摆脱对身份认同的焦虑。

总体来说，海归学者的身份认同问题并非一个个人层面的问题，它深深植根于学术界内外部的复杂关系网络和文化认同。学术研究不仅是知识创造和传播，更是社会网络的构建。如何在这片既陌生又熟悉的学术"江湖"中找到自己的位置，成了许多海归学者在国内学术道路上的一个重要课题。

（二）社会环境的影响

1. 社会期待

社会期待是对个体所处的社会位置所寄予的希望，往往与社会价值观和规范密切相关。这些价值观和规范以各种方式塑造着个体的观点和行为，个体在无形中需要去迎合或满足这些期待，否则就会面临压力。对于海归学者来说，社会期待通常表现为与语言能力相关的期望。

大部分海归学者坦言，他/她们回国后经常被委以与英语相关的工作任务，例如承担英语面试、参与留学生招生和国际学生管理、负责学院国际交流事务、协助举办学术会议并邀请海外嘉宾，以及承担翻译工作。这些日常工作中的语言期待常常使海归学者感受到自己被赋予了具有"语言能力"的社会角色，似乎他/她们回国后就是"语言能力"的代名词。然而，除了这些日常工作中的语言需求，海归学者还经常面临着在学术成果上的期待。

一位受访者提到，近年来，国际传播逐渐成为学术领域的"显学"，各大高校都在积极申报和承担国际传播相关的课题。作为海归学者，他自然被拉入了国际传播的项目微信群，并被委派了中国形象与海外舆论研究的任务。他向我解释说，自己的研究与国际传播以及舆论研究并无太大关系，但由于他的海归身份，他被自动认为可以从事任何与对外传播、国际传播或跨文化传播有关的研究项目。尽管他反复强调自己在这些领域没有太多的研究积累和经验，他的海归身份却使得他成了这个领域的"天然候选人"。

这种现象反映了海归学者面临的一种身份认同的挑战。尽管他/她们的学术研究兴趣和专长可能并不完全符合外界对他/她们的期望，但社会和学术界会将他/她们的海归身份与某些领域的专业能力挂钩，从而对他/她们产生了不成文的期待。

另一个重要的社会期待是对英文论文发表的要求。随着近年来学术界对论文发表要求的提升，尤其是英文论文的普及，很多受访者提到他/她们感受到了强烈的压力，尤其在一些海归学者相对较少的地方性大学。当谈及国际发表或英文成果时，一些受访者提到，尽管同事或领导没有明确指出谁可以或应该承担这些责任，但作为学院中为数不多的海归学者，他/她们总是觉得自己理应有一些英文成果。这种期待并非来自直接的指令，而是一种无形的压力，仿佛是海归身份自带的一种责任和义务。即使这些学者并不一定在英文写作方面有特别强的兴趣或优势，但为了满足各方期待，他/她们常常不得不迎合，进行英文论文的写作与发表。这种压力不仅影响了他/她们的学术方向和创作动力，也让一些海归学者在面对自我身份认同时，产生了更加复杂的情感：一方面，他/她们可能更倾向于在自己的研究领域内深耕；另一方面，他/她们又不得不考虑如何通过英文论文的发表来回应外界对他/她们学术水平的要求。

2. 社会对话

学术研究是个人化的写作，同时也是学术对话与互动的过程。学者们需要将个人的观点纳入更大的学术脉络中，与已有的研究进行对话，并期待与他人的思想发生碰撞。更重要的是，研究还需与读者以及更广泛的人群建立联系，产生社会影响力。因此，论文的受众和反馈，成为影响海归学者从事国际发表的重要因素。

一位受访者坦言，自己逐渐减少了英文论文的写作：

> 即使发表了，也像是石子投进了大海，激不起任何浪花。国内的人看不到，国外也没有人关注，这种感觉让人沮丧。

另一位受访者也表达了类似的困惑：

> 我研究中国议题，英文文章的读者只是做中国研究的那几个人，引用量也很少。花了这么多时间和精力，结果没什么成就感。

这两位受访者的经历并非个例。学术不是一个封闭的体系，学术成果的影响力也并非仅限于高校或学者群体内部。反馈与对话，尤其是对外部世界的回应，对于研究者的写作积极性和动力至关重要。

近年来，随着小红书、微信公众号等社交媒体的发展，我们看到越来越多的学者会将成果发布在这些平台上。与此同时，一些学术类公众号积极翻译和介绍中英文学术成果，进行学术宣传。随着学者与媒体互动的增加，有受访者提到，当他/她们的研究被媒体报道时，无论是网络媒体还是传统媒体，都能增强他/她们的成就感和信心。

例如，一位关注青年亚文化群体的受访者提到，尽管过去几年她有很多英文论文得到了发表，但似乎并未得到应有的关注。她感到自己花费了大量时间和精力，论文发表后却被束之高阁，没有产生相应的影响。在我们的交流中，她多次反问自己，"我们做的研究到底有什么意义？"近年来，她逐渐转向本土写作，做一些与年轻人和社会热点议题紧密相关的研究。这些研究很快在国内引起了关注，不仅有学生通过邮件与她沟通，相关的新媒体平台也开始转发她的研究成果，甚至一些社会组织对她的工作产生了兴趣，邀请她参与相关活动。对于她来说，这种社会互动和对话让她重新找到了自己研究的价值和意义。

　　这位受访者的经历体现了学术研究在面对社会需求和公众关切时的转变。通过与社会的互动，学术成果不仅得到了更广泛的传播，学者们也感受到了自己的研究能够产生实际影响，这大大增强了他/她们继续进行学术探索的动力。这种反馈机制，对学术界与社会都是不可或缺的。

　　3. 生存压力

　　当海归学者在国际发表和本土写作之间犹豫时，随着跟踪访谈的推进，一个迫切而紧迫的问题逐渐浮出水面——生存问题。随着中国高等教育领域"双一流"建设竞争的日益激烈，各大高校教师成为新一轮"学术锦标赛"（陈先哲，2017）的受害者。这一现象与国外学术界对新自由主义和学术劳工问题的控诉有所不同，中国的海归学者所面临的是更加艰难和无奈的局面。

　　他/她们普遍认为，中国高校的考核制度更加严苛且不合理：

　　　　美国至少有6年的非升即走考察，在那段时间内，年轻教师会有一个合理的过渡期，给他/她们一定的时间和资源做学术研究。而国内的情况截然不同，考核周期通常只有2～3年，还没有缓过气来，就被推入了竞争激烈的环境中，必须快速回应各种压力。

一位受访者指出，国内的工作压力不仅仅体现在科研上，还涉及行政和教学等多方面的要求：

> 国内的情况是科研、行政、教学一样不能少，三者都要求精益求精，时间和精力的分配变得极其困难，难以平衡。

另一位受访者则更为直白地表达了学术待遇上的困境，他提到：

> 在美国做助理教授的同学，至少有相对体面的中产阶级收入，能够较为安心地从事学术研究。但是在这里（北京），我拿着每月 8 000 多的工资，面对着 80 000 一平方米的房价，同时上有老下有小，生活压力巨大，感觉有些崩溃。

海归学者在面对国内高校严苛的考核机制时，除了在学术方向上有着迷茫和困惑外，更有来自现实生活的巨大压力。高强度的工作要求和较低的收入待遇，使得他/她们在追求学术成就的同时，不得不面对生存和发展间的艰难抉择。这种困境在海归学者的日常生活中无处不在，影响着他/她们的学术创作、职业选择以及长期的学术路径规划。

相关研究表明，海归学者回国往往是家庭、生活和职业发展之间的综合考量（Achenbach，2017）。这一观点与我的研究发现相吻合，尽管学者们在国际发表和本土写作之间的选择受到个人能力、组织制度和文化认同等多方面因素的综合影响，然而随着时间的推移，跟踪性数据显示，生存压力逐渐成为影响海归学者知识生产的最重要的因素，甚至超过了其他因素。生存压力促使海归学者最终发展出一套"求生存"的实用主义策略，他/她们对论文的写作和发表不再追求完美，而是以快速产出、满足考核为核心标准。

正如一位受访者所说：

> 现在节奏很快，没有时间慢慢尝试，不管选择哪条路（国际还是本土），都得尽快确定方向，赶紧出文章才是王道。

另一位受访者坦言：

> 现在我也不管什么学术理想了，什么爱惜自己的羽毛，连羽毛都没有，怎么去爱惜？先把数量冲上去再说。

还有一位受访者更直接地表示：

> 我现在只要能发表就写，英文更顺手，套路也熟。什么好发表就写什么，评审人让怎么改就怎么改。

这些观点反映出，随着生存压力的加剧，海归学者对学术写作的态度发生了转变，变得更加功利化。原本追求创新和深度的研究，逐渐变成了满足考核要求的工具。这种"快速产出"策略，不仅反映了生存压力下学者们的焦虑，也揭示了学术界日益激烈的竞争和越发注重数量的趋势。

第五章 | 业绩评估与反思

——学术发表与身份认同

本章主要分析海归学者的学术业绩。

我们对 126 名受访者的中英文论文发表情况进行了详细统计，并根据其学术表现将海归学者划分为四种类型。通过受访者的生命故事，深入探讨三种类型海归学者的学术实践过程：高产出的海归学者、非升即走体制下遭遇失败的海归学者、"躺平"的海归学者。

在多元化的学术实践中，海归学者的学术身份在语言选择、学术路径选择以及社会文化冲突等多重因素的相互作用中被不断重塑。这一过程不仅深刻反映了其学术身份的流动性、复杂性与多元性，还揭示了全球学术流动背景下身份、文化与价值体系之间的紧张关系。

一、业绩表现：四种类型的发表业绩

在前文中，我们详细探讨了影响海归学者学术实践的多种因素。那么，这些学者的实际学术表现如何呢？

为了获得客观、系统的数据，我们对 126 名海归学者回国后的中英文论文发表情况进行了全面统计。需要特别说明的是，首先，我们统计的仅是他/她们回国后的论文发表情况。其次，考虑到中国大部分高校在职位晋升中主要认可 CSSCI、SSCI 及 A&HCI 期刊的论文，我们的统计仅针对这三类期刊。最后，鉴于个体的年龄和回国年限可能会对学术产出造成影响，我们计算了每位学者的年均论文发表数量。

统计结果显示，126 名海归学者的中文论文年均发表数量为
0.62 篇，英文论文为 0.27 篇。我们以中英文论文年均发表数量的
中位数（中文 0.5 篇、英文 0.2 篇）为基准，将这 126 位学者分为
四个类型。

类型一：中文和英文双高型。这一类型的学者，指的是中文论
文年均发表数量超过 0.5 篇、英文论文年均发表数量超过 0.2 篇的
学者，共计 14 人，占总人数的 11.2%。这一群体所占比例最低，
印证了前文的观点：由于时间和精力有限，学者很难在两个学术领
域中同时取得显著的成绩。

类型二：中文高、英文低型。这一类型的学者指的是中文论文
年均发表数量超过 0.5 篇，而英文论文年均发表数量低于 0.2 篇的
学者，共计 40 人，占总人数的 31.7%，是人数第二多的群体。大
多数受访者提到，回国时间越长，与国外学术界的联系越少，发表
英文论文的动力也逐渐减弱。这一现象与之前的研究观点不谋
而合：

　　一旦回国……他/她们中很少有人有兴趣或能力从事面向
国际学术平台的有意义的研究。（Xu，2009）

类型三：中文低、英文高型。这一类型的学者指的是中文论文
年均发表数量低于 0.5 篇，而英文论文年均发表数量超过 0.2 篇的
学者，共计 18 人，占总人数的 14.2%。在这个群体中，有 5 位学
者完全从事英文论文发表，没有任何中文论文成果。当询问为什么
不在中文期刊发表时，受访者普遍提到的原因包括："从事英文写
作对我来说更加习惯和容易"，"希望积攒更多的'硬通货'，以便

将来有机会出国"，以及"认可英文学术规范"。然而，这一现象也带来了一些负面影响。正如一位受访者所言：

> 因为只写英文论文，国内学术圈很少阅读英文文献，大家也不了解我，感觉很孤独。

类型四：中文和英文双低型。这一类型的学者指的是中文论文年均发表数量低于 0.5 篇，英文论文年均发表数量低于 0.2 篇的学者，共计 54 人，占总人数的 42.9%。这一群体的规模之大揭示了一个新的研究发现——海归学者是中英文两个学术场域中的双重边缘者。这一现象在以往的研究中鲜有提及。传统观点普遍认为，拥有西方发达国家博士学位的海归学者是优势群体，在职位晋升和论文发表方面拥有丰富的社会资本。然而，正如前文所指出的，由于中英文学术场域之间的差异，海归学者的社会资本可能会失去可转化性。尤其是对于刚回国的青年海归学者而言，他/她们往往既未具备在国外学术界作为独立研究者的成熟能力，又难以迅速融入国内学术界，因此，他/她们始终处于"夹缝"中。

二、幕后故事：成功的、失败的与躺平的

通过受访者的生命故事，本节深入探讨了三种类型学者的学术实践过程：高产出的海归学者、非升即走体制下遭遇失败的海归学者，以及"躺平"的海归学者。

（一）来自香港地区的高产出海归学者

在十年访谈中，我常常思考，哪个群体的海归学者会有最好的

业绩表现？人们通常认为，那些来自西方发达国家顶级学府的海归学者会表现得最为突出。然而，我的田野调查结果显示，来自香港地区和新加坡的海归学者无论在学术适应性还是业绩表现上，都明显优于其他地区的学者。接下来，我将通过丽娜的经历来讲述这个群体在学术产出上的成功故事。

丽娜来自东北的一个小县城，一直是父母和周围人眼中的"好孩子"。高考失利后，她进入了当地的一所"双非"高校（非985、非211），但这并没有打击她的自信心。对丽娜来说，这段经历是一个起点，而不是终点。她决心通过考研来弥补自己本科时不理想的学校背景，正如她所说："我就是想弥补不太好的本科出身。"经过四年的不懈努力，丽娜如愿以偿，进入了北京的一所985大学，开启了她学术生涯的新篇章。

在研究生阶段，丽娜的留学梦开始变得更加清晰。她坦言，自己从小就有出国留学的想法，但家里的经济条件不佳，这让她一直觉得出国是一件遥不可及的事情。她回忆道：

> 有一个本科同学去了澳大利亚，我当时很羡慕。她告诉我留学一年大约需要30万到40万元，我当时觉得这与我无关，虽然没直接问过家里有多少钱，但我知道父母可能连10万元都拿不出来。

然而，在北京的研究生生活让丽娜接触到了更多的留学机会。由于身边有许多同学出国交换或继续深造，渐渐地，她意识到不同地区和国家的留学费用差异很大，并且发现了许多海外奖学金机会。这些信息让她开始重新审视自己留学的可能性，也为她后来的发展铺平了道路。

在硕士二年级时，经过深思熟虑，丽娜决定申请香港地区的博士项目。她这样向我解释当时的选择：一方面，她觉得自己没有太多的科研成果，与那些本科就读于重点大学且有出国交换经历的同学相比，她认为自己并没有足够的优势去申请欧美那些知名大学的博士项目。另一方面，丽娜了解到，去美国留学通常需要 5～6 年的时间，而香港地区的博士项目只需要 3～4 年，这让她觉得选择香港地区更加务实。此外，一些学校不仅免除学费，提供的奖学金还能覆盖她在当地的食宿，这大大减轻了她的经济负担。

在确定目标后，丽娜开始全身心投入准备工作。经过一年多的努力，勤奋的她终于如愿以偿，进入了一所香港地区的大学攻读博士学位。丽娜回忆说：

> 因为学校免了学费，每个月还有一万多的生活费，这些钱和上班赚得差不多。所以，我就把这个学习当成一份工作来做，认认真真地每天都打好工。

三年的时间转瞬即逝，丽娜顺利毕业后，选择入职了南方的一所高校。由于香港地区的毕业生在相关政策上被认定为海归，加上她所在高校的排名为全球前 150，她不仅顺利获得了高水平的学术平台，还领取了地方政府的奖励。正如丽娜自己所说，"沾了母校的光"，这一切都为她的学术生涯奠定了坚实的基础。

毕业后短短几年，丽娜已经在学术界崭露头角，发表了十多篇中英文论文，并顺利拿到了省市及国家级的研究项目。这一系列成绩使她成了周围人眼中的学术小达人，得到了同行的高度认可。在长时间的跟踪访谈中，我们多次探讨了香港地区和新加坡的海归学者在国内的学术业绩表现为何如此出色。我们共同认为，以下三个方面是导致这一现象的主要原因：

第一，丽娜提到，香港地区和新加坡的海归学者在中英文论文写作的切换上比其他地区的学者更加得心应手。她解释说，欧美高校往往要求学生不仅沉浸在英语的语言环境中，还必须深入理解西方学术界的研究逻辑和问题意识。这对于许多中国学生来说是一大挑战。正如前文所提及的，中国学生选择的研究问题往往具有本土特色，但西方导师可能会认为这些议题不具备普适性或者学术价值不高。因此，很多博士生最终会沿袭西方学术界的研究方向和方法，忽视本土问题的特殊性，或者缺乏在全球化视野下探讨本土问题的理论能力。

相比之下，香港地区的博士生，比如丽娜，他/她们接受的训练更注重"背靠西方、立足中国"的学术框架。从入学的第一天起，博士生们就被培养通过西方理论来处理中国本土问题。丽娜解释道，香港地区的学术环境提供了一个独特的优势：他/她们的博士生可以自由选择毕业论文的选题，可以选择聚焦中国本土问题，也可以选择英文论文，这为他/她们提供了更多的灵活性和多样化的学术表达方式。对于丽娜和她的同学们来说，在中英文论文之间切换，并且在不同的学术环境中保持思路的流畅，已经成为一种常态。

丽娜特别提到，在香港地区的学术环境中，她和她的同学们在上学期间经常会同时撰写中英文论文。对于他/她们而言，这并非一种负担，而是自然的学术实践过程。他/她们从来没有完全脱离过中国本土的话语体系，反而能在中西方文化和学术规范之间灵活穿梭。这种独特的跨文化学术训练，使得他/她们在学术表达、研究方法选择以及成果传播方面，都具备了更强的适应能力和竞争力。丽娜的经历证明，香港地区和新加坡的海归学者不仅能够在国际学术界和国内学术界之间游刃有余地切换，而且能够在这两种话语体系中找到自己的立足点。这种灵活性和双语能力无疑是她在回国后取得优异学术成绩的重要因素之一。

第二，丽娜认为因为聘用了许多来自欧美知名高校的毕业生，香港地区的整体学术水平较高。她提到，香港地区高校的待遇也非常具有吸引力，例如助理教授的年薪大约为100多万港元，这相当于国内讲师年薪的五六倍。丽娜指出，得到这种高薪工作并不轻松，香港地区的高校在聘用教师时有严格的遴选程序，并且教师的考核压力也相当大。因此，香港地区学术界的这种高标准和高压力无形中催生了更为迅速、高效的学术研究风格。

丽娜提到，她的导师几乎每天都在办公室，有时甚至会通宵工作，睡在办公室里。这种高压、快节奏的学术环境让丽娜逐渐学会并适应了快速产出的工作方式。毕业时，她已经有6篇论文发表。她认为这种研究风格与她回国后所接触的国内快节奏的学术环境完全契合，并且没有让她感到任何不适应。她的成功不仅得益于香港地区学术界的高标准，也和她能够在这样的环境下迅速调整自己的学习和研究节奏密切相关。

与此形成对比的是，许多来自西方，尤其是欧洲地区的海归学

169

者常常很难适应香港地区这种高效、快节奏的学术生产模式。正如一位来自英国的海归学者所说，英国的博士训练强调学生的自主性，课堂讲授相对较少，学校也没有强制要求或鼓励学生发表论文。很多时候，学生直到毕业时，才会意识到自己缺乏实际的研究能力。即便如此，他/她们回国后仍然面临着考核压力，如"非升即走"。这种缺乏系统支持的训练和文化氛围，让他/她们在回国后往往很难适应国内快节奏的学术生产模式。因此，丽娜的成功可以看作香港地区学术体系与她个人能力之间的良性互动，成为她取得显著学术成就的关键之一。

第三，学术合作的重要性不可忽视，这一点在丽娜的经历中也得到了深刻体现。她认为，香港地区的学术环境尤其强调团队合作，语言能力和沟通能力至关重要。丽娜提到，当她向导师提出问题时，导师不仅能够快速理解她的意思，还能抓住她话语背后的潜在含义。这种高效的沟通让学术交流更加顺畅，有助于解决研究中复杂的问题。相比之下，在与其他地区合作时，尤其是欧美学术界，跨时区的沟通和协调往往会成为合作中的障碍。丽娜举了一个例子，一位美国学者曾向她反映，双方在合作时常常需要在协调双方的时间表和研究进度上花费大量时间，因时差和文化差异，沟通过程通常比预期要长得多，不仅浪费了时间，也降低了合作的效率。

此外，丽娜还提到，与其他国家或地区相比，香港地区在地理位置上与内地更近，她可以更容易地与香港地区合作者安排面对面的会议和交流。这种面对面的互动为学术合作提供了更多的机会。

面对面的互动不仅有助于增进理解，还能快速解决问题，提升研究的效率。丽娜选择南方的高校，部分原因也是考虑到其地理位置上的优势便于她与香港地区的导师以及团队进行更为频繁的合作。总的来说，香港地区海归学者在学术合作中的优势，正是得益于便捷的语言沟通、无时差的合作模式以及地理上的便利性，这些优势为他/她们的研究工作提供了强有力的支持。

这种高效的合作机制不仅让学者们能够快速响应学术需求，还促进了合作的深入进行。而丽娜所代表的香港地区海归学者，正是凭借这些优势，在国内外学术界快速积累了丰富的学术资本。

（二）"非升即走"体系下的失败者

小黄曾是一所重点大学的助理教授。出生于 20 世纪 90 年代，他的成长伴随着中国经济的发展与腾飞。父亲是医生，母亲是公务员，作为一个典型的大城市中产阶级的子女，小黄的生活比他的父辈更加富裕，也享受了更多的教育资源和机会。从中国的一所 985 大学毕业后，他身边的很多同学选择去海外读硕士"镀金"，2011 年小黄先在香港地区一所高校获得了硕士学位，2017 年在美国一所世界排名前 50 的高校获得了博士学位。

小黄的求学之旅也伴随着中国高等教育的高速发展和国际化。1998 年中国开始实施世界一流大学建设工程（985 工程），2017 年开始启动"双一流"建设工作。在全球各项高校排名中，中国高校都取得了不错的成绩。2020 年在泰晤士高等教育世界大学排名（Times Higher Education，THE）中，中国大陆地区有 13 所高校进入全球前 200，在 QS 教育集团正式发布的 2021 年世界大学排名中，清华大学位居全球第 15 名。因此，不同于几十年前中国留学生所面临的国内外的巨大差异，小黄这辈中国留学生看到的是中国在经济、教育和各方面的蓬勃发展。因此，在美国获得博士学位后，他立刻选择回国求职。

然而，出乎小黄意料的是，他在国内的求职市场中屡屡受挫，一个重要的原因是他的论文发表数量不够。因为在目前的高校考核体系中，很多资源，包括资金、招聘名额和各种奖励，都和学校的业绩紧密捆绑在一起。作为一个组织，学校将这种考核指标逐层传达到每个院系，与每位教师的个人考核和职位晋升密切相关。

在这一背景下，招聘新教师时，不论是本土博士还是海归博士，论文发表数量都是一个主要甚至硬性的条件。一些高校在招聘时，会在招聘广告中明确标注需要发表多少篇论文才有应聘的资格。相较于我国的很多高校将论文发表作为博士毕业的前提条件，美国的博士训练中并不要求论文发表。小黄在毕业前没有正式发表过论文，因此最终只能以特聘研究员的身份入职南方的一所高校。

求职中的挫败让小黄第一次意识到高校对于论文发表的迫切要求，在高校任职的经历则让他了解到当下学术界竞争的激烈和残酷。我国的高校长久以来被认定为事业单位，一旦入职就能获得永久性岗位。1978 年改革开放后，我国逐步从计划经济转型为社会主义市场经济，高校也是改革的一部分。2015 年左右，各高校开始陆续实行非升即走制度，教师入职后需要经过若干年的考核，才能获得永久性岗位。

　　然而，有限的编制名额使很多学校无法招聘足够多的在编教师，但同时面临着激烈的排名竞争，需要大量的人手发表论文和申请项目。于是，一种名为副研究员，实际上属于博士后性质的岗位在各大高校中流行开来：进入这个轨道的教师工资相对比较高（相当于副教授工资），但他/她们只签 2～3 年的工作合同，在合同结束后若能通过考核，原则上可以申请副教授，不通过则解除合同。对求职者来说，这种做法实质上是在用不稳定性换取相对较高的薪水，面临着极大的考核压力。

　　近年来，这种制度被很多人认为是对年轻教师的压榨。因为最终能留下的人非常少，在某知名大学，这种研究员制度的淘汰率高达 90％。正如小黄在访谈中提到的：

　　　　现在这种制度，最终的目的是筛选和淘汰。

　　与小黄有着类似处境的年轻人，会因为巨大的压力而在两年之内迅速发表论文，然后绝大部分会被解聘，高校则招聘新的博士毕业生继续产出。

　　在访谈中，也有受访者自嘲地把自己比作"学术韭菜"，认为这种聘任制度让大量持临时合同的教师不断地竞争，淘汰弱者，留下学术生产力最强的人。

　　这样的学术生产方式下，成果是非常显著的。小黄所在的学院，仅有不到 20 名正式教职工，但有 30 多名副研究员。在短短的两年内，对于学院来说，不论是论文的发表数量还是获批项目的数量，都比实行特聘研究员制度前增长了很多。小黄坦言，这两年里，自己比读博士时还要辛苦。小黄说，每学期学院都会展示学院和各位教师的科研成果，但是这些看起来非常漂亮的数据背后，都是青年学者的血与泪。两年后，虽然小黄已经发表了好几篇英文论文，但是与自己同期入职的人相比，仍然是较少的。最终，小黄没有通过考核，被解聘了。

2019年，小黄以助理教授的身份入职了一所排名略低的高校，并在两年后成功晋升为副教授。原以为这样就已经拿到了终身职位，但2021年新的考核政策再次让小黄的学术生涯变得岌岌可危。学校为了进一步激励教职工，将副教授分为短聘副教授和长聘副教授。也就是说，从2017年奋斗到2021年的小黄，拿到的仍然是一份暂时性的合同，他只有继续奋斗到长聘副教授，才能考虑晋升教授。这让小黄非常气愤，因为最开始的合同并非这样。令他更加沮丧的是，他听说学校还将逐渐加强对于教授的考核，暂定的方案是，每位教授只有完成三个聘期的考核（每个聘期5年），才能到达安全的位置。

也就是说，需要像现在一样，努力奋斗到快60岁，才能拿到一个稳定的教职。但那个时候，我已经快退休了。

小黄这样无奈地表达了自己的心情：

每个人都充满不安全感，大家需要不断地发表才能保住饭碗。大家都这样。我也不可能改变现状，只能去努力适应它。

在访谈中，像小黄一样感到困惑与无力的年轻海归学者并不在少数。许多海归学者都在质疑目前学术界评价体系的合理性，甚至自嘲是在被"压榨"和"剥削"。这种对现状的无奈感，反映了学术界中存在的压力与不公。然而，在面对这种困境时，大多数学者并没有选择直接对抗或寻求协商，而是选择以自身的努力为突破口，将最终的解决方案寄托在个人奋斗上。正如另一位受访者所说：

> 如果无力改变环境，就只能靠自己努力奋斗，把自己做强做大，只有这样才能在这个体系中获得认可与成功。这是我们唯一能做的。

在这一背景下，许多海归学者像小黄一样，选择通过坚持不懈的工作和学术写作来寻求自我突破。即使在节假日，他/她们也依旧保持高度自律，努力提升自己的学术能力。对他/她们而言，学术上的成功更多依赖于个人的奋斗与拼搏。这种现象不仅反映了学术界对年轻学者的高期望，也揭示了现代学术体系中的个人主义趋势：个人似乎被要求承担更多的责任，不仅要完成繁重的学术任务，还要在激烈的竞争中争取到属于自己的位置。这种"自我奋斗"的逻辑促使学者们更加注重个人能力的提升和"自我管理"。

（三）来自东南亚的海归学者

2022年，邵阳学院花费1 800万元，引进了来自菲律宾一所不知名大学的23名毕业生。这一事件引起了广泛的关注和讨论，网络上关于这些非西方发达国家知名学府博士学位的含金量的争论不绝于耳。网民们围绕着这些毕业生的学术背景展开了激烈的讨论，并且使用了"水博"等污名化的词语，对这些毕业生进行了贬低和质疑。类似的事件，如地方性大学引进来自韩国或非洲的海归博士，也在网络上引发了诸多讨论，反映出社会对非西方教育体系的认知偏差与对学术资质的敏感。

对于这种现象，从东南亚某国拿到博士学位的张老师深有感触。张老师是"80后"，硕士毕业后进入本地一所重点大学的二级学院担任辅导员。根据该学院的政策，辅导员属于编制外职员，晋升渠道相对受限。为了从行政岗位转为教学岗位，张老师决定考博。然而，由于长期从事学生工作，缺乏系统的学术训练，张老师在考博的道路上连战四年，均以失败告终。

就在他感到迷茫和困惑的时候，一次偶然的机会让他看到了东南亚某所大学在中国的招生广告。相比欧美的高昂学费，这所大学较为低廉的学费、零门槛的入学条件以及与家乡的地理距离等优势，让张老师跃跃欲试。与留学中介沟通并提交材料后，张老师终于在31岁那年成功地成为一名博士生，开始了与学术道路的第二次接触。

在经历了四年的学习后，张老师决定回国求职。在访谈中，他坦诚地表示从未打算留在国外工作，留学的唯一目的是回国就业。张老师的求职目的相当明确：位于二线、三线城市的大学，特别是那些普通的公立大学。他说："只要是个公立大学的正式编制就成。"这一目标看似保守，但背后透露出他对当前就业形势的深刻理解。

当我询问张老师为何有如此务实的择业定位时，他直率地回答，自己清楚东南亚地区大学的学术认可度较低，甚至有些机构对于这种学历持怀疑态度。他曾尝试向一些 211 大学投递简历，但没有得到任何回应，这令他感到非常受挫。"它们根本不会看我"，张老师无奈地说。这让他意识到，尽管自己已经拥有博士学位，但这种学位在国内的某些圈子里并不被广泛认可，于是他调整了自己的择业目标，转向那些对毕业院校要求相对宽松的地方性大学。

张老师认为，相较于一线城市的激烈竞争，地方性大学的要求较低，并且通常会提供丰厚的安家费和人才奖励，对于他来说，这是一个性价比最高的选择。用他的话说：

> 趁着学校对海归学者还有优惠政策，赶紧把自己"卖"个好价钱……北上广留给大神们去卷吧，我们就留在小地方过好小日子。

这句话既带有一些自嘲，也充满了对现实的考量。

张老师深知，尽管无法进入声名显赫的名校，但在地方性大学，他依然可以找到属于自己的发展空间，并通过自己的努力在学术领域站稳脚跟。这一选择的背后，反映出许多年轻海归学者在面对学术市场时的无奈。尽管他/她们在国外获得了博士学位，但由于学位的认可度问题以及国内学术市场对不同学历背景的差异化评价，许多人不得不调整自己的求职目标，从最初的"高大上"大学转向更为现实的选择。这种选择看似是妥协，但从另一个角度来看，也是一种理性与务实的体现，是他/她们在复杂的学术环境中尽力寻找自己位置的一种方式。

在面试了几所大学后，张老师最终选择了一所西部地区的高校。对他来说，平台和职业发展并不是最重要的考虑因素，找到一个稳定且相对轻松的工作环境才是他真正追求的目标。于是，张老师果断拒绝了那些排名更高、待遇更好的学校，选择了这所没有实行"非升即走"制度的学校。

他向我解释道，尽管一个月的工资仅有 6 000 多元，但福利房租金非常低，每月只需 500 元，"只要不离职，就可以一直住下去"。相较于北上广动辄上万的房租，低廉的生活成本能够让张老师远离经济压力，专心工作。

在哪里都是生活，所以尽量让生活愉悦一些。

张老师坦言，虽然在事业上他无法与那些名校毕业的海归学者相比，但他认为人们所追求的，归根结底不过是过上相对自在的生活。

在这所学校中，张老师更看重的是工作环境的轻松和人际关系的和谐。他提到，这所学校没有实行严格的考核制度，工作任务并不重：

如果你想晋升，可以更加努力；如果你不想努力，躺平也没事。

这让他感到安心。与他面试过的其他学校相比，张老师认为，虽然有些学校的排名和待遇更高，但随之而来的是更大的考核压力。

之前想去的一所高校，他们要求老师三年要发三篇 C 刊，相当于每年都得完成很重的考核任务。但是实际上，工资也没有想象中的那么高，一个月 8 000 元。我现在一个月 6 000 元，没有任何考核压力。

在没有组织考核和外在压力的情况下，张老师在学术上的内在动力逐渐消退。

> 之前大家都劝我去北京的大学做博士后，认识些大佬，未来有机会发论文或者申请项目。

张老师坦言，他认真考虑过这个建议，但最终意识到，自己选择了现在这所学校后，已经没有了在学术上更进一步的强烈动机。

> 一方面，目前并没有发论文的压力，选择这所学校，说明没有特别的学术追求，只要能混下去，不被开除就行；另一方面，虽然很多人都想与大佬交流，但未必能得到他/她们的资源。

这一点也可以与上文提到的学术社区/社会环境的影响联系起来。对张老师而言，这些因素似乎并不能带来什么实际影响。他认为圈子里永远只有 20％的人在活跃，剩下的 80％都游离在圈子的边缘。与许多人一样，张老师逐渐对学术界的激烈竞争感到厌倦，并认为这不是唯一值得追求的目标。他的态度逐渐转向与自己和解，他甚至开玩笑说：

> 只要自己放过自己，这个世界就拿你没办法。

在访谈中，像张老师这样的海归学者并不在少数。在长期的跟踪访谈中，我逐渐意识到不能简单地以"不求上进"或"不思进取"来对他/她们进行道德谴责。每个人的处境、经历和选择都是独一无二的，他/她们的决定背后都有着深刻的现实考量。张老师并非缺乏学术热情或对自己不负责任，而是根据自身的实际情况做出了适合自己的选择。每个人都有自己应对困境的方式，张老师的做法并不代表放弃了人生追求，而是调整了自己的目标，重新定义了什么才是对自己最重要的东西。

在这样的情形下，张老师对自己的海归身份似乎也不再那么在意。他常常半开玩笑地说，自己和那些来自名校的海归学者无法相提并论，甚至在同事或亲朋好友面前提起自己的海归身份时，他都有些不好意思。

> 别人问你是哪儿毕业的，你说是东南亚的，反而可能会被看不起，觉得你的学位不值一提，"水"得很。

但张老师逐渐放下了这些曾经的"执念"，对学术发表变得"佛系"起来。他幽默地形容自己的研究状态"很纯粹"，意思是：

> 不是完全不做，也在做，但是没有压力，也没有很强的动力。想做就做，能发表最好，不能发表也没关系。

正如前文的数据所展示的，实际上并非所有海归学者都能做到高产、学术表现优异。相反，大多数海归学者都处于一种"双低"状态，即中英文论文的发表数量都很少。访谈中，不同受访者对这一现象进行了解释。英文论文的发表数量较少，往往被受访者归结为能力问题，特别是对于像张老师这样的非西方名校的海归学者，他/她们往往在国际发表方面面临较大的困难。对于中文论文发表数量较少的问题，受访者认为，一方面是由于学术环境中供求关系的失衡，对发表的需求远远大于能够使用的发表渠道，这使得学术发表变得更加困难；另一方面，一些海归学者也逐渐将重心从学术转向了生活，追求一种更为稳定和自在的生活方式。类似于张老师，很多海归学者并不将学术发表视为人生的唯一目标，而是寻求稳定的职业环境和相对舒适的生活节奏。

这种现象反映了海归学者群体中一些人内心的变化。他/她们在经历了留学带来的巨大压力后，往往会根据自己的实际情况做出调整，将生活质量和个人幸福感作为更为重要的考量，不再执着于外在的竞争和学术产出，而是逐渐转向了内在的自我实现。

三、身份认同：对个人与学术社会间关系的反复审视

本节重点分析海归学者在多元化学术实践中的身份认同，探讨海归学者在语言选择、学术路径选择以及社会文化冲突等多重因素的相互作用中不断塑造学者身份的过程。这一过程不仅深刻反映了身份的流动性、复杂性与多元性，还揭示了全球学术流动背景下，身份、文化与价值体系之间的紧张关系。

海归学者提到的对本土学术的认知与学术实践中，身份是一个不断浮现的重要主题。

首先，选择用英文写作本身就是一种对身份的再构造。语言不仅仅是一套交流体系，更是"组织经验和协商身份的社会实践"（Grimshaw，Sears，2008）。正如一位受访者所言：

> 英文论文，不仅是语言，你的整个逻辑思路都得调整成那

个（英文）状态，想象着你的海外受众是如何理解的。所以对整个素材数据的理解，都需要站在一个海外读者或学者的角度。

这种语言上的转变不仅是语法的转换，更是思维框架的重塑，迫使学者从另一种文化和知识体系的视角来重新构建自己的研究。

其次，对于中外不同学术路径的选择，本身也代表了对学术身份和价值观的选择。如有受访者补充道：

> 任何研究取向和方法的背后都有其基本假设，体现了对这个世界基本认知的价值取向。

这不仅是学术视野的转变，更是思想方法和知识体系的再构。事实上，学术路径的选择往往能体现出一个学者的价值观。例如，一位受访者提到：

> 我出国之前也爱读思辨的研究，相比之下，我更加认同实证主义的精神。

这表明，学术身份的转变不仅仅是知识的积累和技能的提升，也深深植根于学者个体对世界的理解和价值取向。

最后，身份认同对学术实践的影响同样至关重要。学者的身份认同与他/她们所在的学术群体直接相关，而这种认同又反过来影响着他/她们在学术领域中的自我定位。一位在中国长大，在北美接受学术训练后回国的受访者说道：

> 我看美国的学术期刊，写美国议题的文章，与美国的学者

对话，从学术的角度上，我认为自己就是一个美国学者。

这段话深刻揭示了学术身份的流动性与多元性，学者的身份认同不仅取决于他/她们所处的地理位置和学术背景，还受到他/她们在不同学术场域中与他人的互动的影响，被不断塑造和调整。

尽管在写作语言、学术路径选择，以及个人发展方面，海归学者的身份认同与其学术实践紧密相连，但以往的研究往往将其简化为"海归"这一标签，将其中的复杂内涵概括为海外学习和生活的经历。在中国的媒体报道中，关于海归的框架正在发生变化。那些放弃海外优越待遇、毅然回国并取得卓越成就的故事曾经广受青睐，但近年来，海归面临的就业困境和"悲惨故事"越来越多地见诸报端。然而，海归学者是如何理解自己的身份的？他/她们是否认同海归这一身份？这些问题在此前的研究中尚未得到充分探讨。

在我们的访谈中，大部分受访者承认，对海归身份的强烈感知往往出现在求职、国际交流以及英文写作等特定场景中。在这些场景中，海归学者的学术资本和优势显得尤为突出。然而，随着他/她们逐渐融入国内学术界，这种感觉将逐渐淡化。一位受访者坦言：

> 刚回国时，我确实挺骄傲的，但慢慢地，我也不再提自己是海归了，觉得没什么大不了的。

另一位受访者则更直接地指出：

> 因为国内的学术水平与海外存在差距，大家普遍对海外留

学有一种向往和好感，认为国外的训练更有优势。海归正是在这个背景下被赋予了标签。但其实，海归群体内部也是有差异的，比如美国的海归通常比新西兰的含金量高，常春藤和一般州立大学间也有很大区别，再加上个人能力不一，海归的身份是非常复杂的。

此外，大多数受访者还提到，海归身份常常导致自己与本土博士之间产生矛盾。一位受访者用一种带有自嘲的语气说：

> 他/她们说我们是海龟，自己是土鳖。你们是高端国际化的，我们是土路子——你能听出来，这是带有讽刺的。

既有研究也表明，国家和高校对海归的优待政策确实加剧了他/她们与本土博士之间的紧张关系。这种身份的对立，无论在人际关系还是社会期待方面，都无形中给海归学者带来了很大的压力。

访谈数据显示，海归学者对身份认同的纠结，往往受到中国当代社会价值观、传统知识分子文化与海外学术范式三重因素的交织影响。受访者普遍认为，当前国内学术界的主流观点与社会的总体价值观相一致，在谈及海归学者时，"成功""混得好""有能力""吃得开"等词频繁出现。与此同时，"社会担当""时代使命""国家情怀"等传统观念，也深深植根于他/她们的认知中，体现了他/她们认可自己作为中国知识分子，有为社会贡献力量的责任。

另外，西方的科学主义精神——如"严谨""科学""求真"等——也深刻地影响着他/她们的认同感，许多海归学者在复杂身份的交织中艰难寻求平衡。如一位受访者所说：

　　我现在做的两个研究，一个选择了认知科学路径，体现了我对西方科学精神的认同；另一个是中国社会情境研究，毕竟是在中国传统文化下成长的，还是有回报社会的情怀。你可以看到，二者背后的研究兴趣和社会关怀是完全不同的。实际上，这两种路径很难融合，我只能通过我的研究，去实现自己认可的学术价值。

　　这种身份的混杂和多重性，显然使海归学者在学术实践中不得不在个人的学术价值、社会责任与传统情怀之间做出艰难抉择。

　　值得关注的是，跟踪访谈揭示了以往研究中未曾深入探讨的一个层面：在回国一两年后，海归学者的身份将逐渐淡化，受访者开始更加关注并强调一个更为根本的问题——自己与学术以及所处社会环境的关系。具体来说，他/她们开始反思：

　　做学术的意义是什么？

　　我们与社会的关系到底如何？

　　学术能为自己带来什么？

　　学术能为社会带来什么？

　　尽管对成功的渴望、传统知识分子的情怀与西方科学精神交织在一起，共同塑造了海归学者的知识生产和身份认同，但截至2024年的访谈数据表明，随着生活成本的上升、工资收入相对较低以及考核压力的持续增加，生存压力已成为海归学者面临的最为迫切的现实问题。

　　正如前文所提到的，许多海归学者发现自己越来越难以在中国一线城市（如北上广）维持体面的生活，也无法与同龄人甚至曾经的同事相比。

他/她们的焦虑与失落表现得尤为明显，受访者提到的案例往往充满了深刻的自我反思：

> 初中同学聚会，曾经学习最差的那个同学现在混得最好，一年赚几百万，而我辛辛苦苦读了这么多年书，却连一套房都买不起。

另一位受访者也表达了类似的困境：

> 当时已经留校工作，为了做学术出去读了博士，回国后才发现，曾经的同事已经升职为院长，且拥有了好几套房子，而我除了一纸学历，什么也没有。

更有受访者提到在海外的同学：

> 这次出去开学术会议，看到以前的同学做得越来越好，自己却是现在这个样子，真的是非常惭愧。

这些故事和感受不仅反映了海归学者在职业发展和经济状况上的压力，也揭示了他/她们在身份认同上的进一步的挣扎——曾经满怀希望和理想的学术之路，逐渐被现实的生存压力所主导。

换言之，海归学者在回国一至两年后，面临的身份认同问题开始变得更加复杂，主要体现在对成功的渴望、传统知识分子的情怀与西方科学精神三者之间的拉锯等。随着生存压力的逐渐显现，后两者会逐渐被"成功"的低级版本——生存取代。

一位受访者如此描述：

> 在国外的时候，天天谈学术理想，那时你一直生活在象牙

塔里，脱离了现实，根本没有脚踏实地。等到回国后，工作、结婚、生子，才发现大家都是为了生计而奔波，最大的梦想就是凑够首付买房，子女能上个好学校，父母得了病能够进个好医院。所谓的学术理想，以及我们曾在书斋里幻想的多元、自由和开放，似乎离自己的生活越来越远。

当海归学者逐渐意识到这一点后，他/她们对国内学术界的认知和评价也发生了转变。与刚回国时对国内学术界评价较低不同，许多受访者在回国两三年后表示，他/她们现在能够理解为什么国内的学术环境是这样的：

> 学术界并非存在于真空中，它与整个社会生态紧密相关。老实说，不管再怎么说咱们的科研能力有多强，客观地说，仍然处于一个追赶的状态。

这种转变不仅揭示了海归学者对国内学术环境的适应，也反映了他/她们对个人与学术之间关系的重新审视。在面对现实的生存压力时，许多人开始逐步放下曾经的理想主义，转向更加务实和接地气的生活态度。

第六章 | 总结与讨论

本章将对本书的研究做收束性和展望式的讨论，既对前述的发现进行总结与回顾，并在此基础上勾连相关研究，也对未来进一步的深化研究做展望。

一、再次回到人的故事

本节再次强调，对海归学者的研究，应将关注点从制度、政策、宣传报道以及学术发表等外在维度，转向真实个体及其所处的社会情境。

此外，本节还探讨了学术发展与健康、身份认同以及研究中的人文关怀等重要议题。

（一）由王老师引发的进一步思考

2011 年，即我刚考上博士那年，王老师已经从国内某知名学府博士毕业了。他没有选择直接进入高校，而是决定赴美做博士后，提升专业能力，积累学术资本。在过去的十多年里，我们一直保持联系。王老师的求学之路从美国的东海岸开始，辗转至西海岸，再到中西部大学，穿梭于多个研究机构之间，每一步都充满了艰辛和挑战。

2021 年，经过多年的努力，王老师终于发表了几篇重量级的论文，并以特聘人才的身份被国内某知名研究机构引入。职位上，一次性解决了正高职称，配备了专门的实验室和博士生的招生名额，还提供了丰厚的安家费和薪资。作为朋友，尤其是了解他这些年生活不易的我，由衷地为他感到高兴。在某种程度上，因为在做海归学者的跟踪研究，我内心也将他视为海归学者中成功人士的代表。

然而，直到有一天，许久未联系过的他突然问我是否在家，能否出来一起吃个饭。我有些惊讶，因为自从他回国后，大多数时间我与他都是线上沟通，毕竟他一直忙得不可开交。见面时，我发现他看起来憔悴了许多，手里还拿着几包药。他告诉我，由于科研压力太大，最近去医院检查，已经被诊断为抑郁症。

作为科研工作者，我深知其中的压力，尤其是像他这样高层次的青年才俊。优渥待遇的背后，他应该承受着沉重的压力。我劝他可以稍微休息一下，出去走一走，给自己放个假，好好调节一下状态。然而，他苦笑着回应我："怎么可能出去，实验室里一大堆事情等着我呢。今天取完药，我还得回去继续工作。"

我忍不住问："那你现在生病了，该怎么办？"

他淡淡地回答："还能怎么办，吃药，吃药就好了。"

那一刻，我无言以对。我感觉他似乎把自己当成了机器，哪里出了问题就赶紧修复，然后继续运转。作为朋友，我在情感上是难过的，但也是无奈的。我明白他的压力，但我也知道在这种情况下自己能做的实在有限。

与他见面之后，若干天里我一直在反思这次经历，以及自己所做的海归学者研究。这些问题一直困扰着我：

> 如果说我做这个研究的初心，是更真实地了解这些学者的生活和挑战，那么面对一个如此真实且某种程度上和自己关系亲近的人，我应该以什么样的方式走进他的世界？

> 我应该如何讲述他/她们的故事，才能既忠实于他/她们的真实感受，又不失对他/她们的尊重？

> 在这种情况下，我是否能提供一些帮助，或者至少让他/她们感受到我作为研究者的关怀和理解呢？

随着我国经济的腾飞，学术产出也取得了令人瞩目的成就。这些耀眼的成绩，离不开无数科研工作者夜以继日的辛勤努力和无私付出。正如一位受访者所说：

> 每篇论文都是一个字一个字写出来的，都是血与泪，那是真的血和泪。

我在 2014 年启动这项关于海归学者的研究时，通过中国知网和 Web of Science 检索出大量的文章。这些文献大多数集中于用量化的方式分析学者们的论文发表：谁发表了哪些文章，集中于哪些主题，采用了什么方法，最终得出了怎样的结论。这些论文通常会在结尾以一种辩证的写作方式做出总结：尽管在过去几十年里取得了巨大的学术成就，但在某些方面仍然存在若干的问题。然而，在这些统计数据、条形图和折线图的背后，似乎没有真正的"人"——那些像王老师一样的科研工作者的声音与故事。特别是，对于海归学者，主流话语通常呈现出一种积极向上的叙事：青年才俊学成归来，风华正茂，回国后取得了优异成绩，在国际学术舞台上大放异彩。与此同时，政府和高校的关注点也集中在两个方面：如何用优厚的待遇吸引全球最优秀的人才，以及如何激励他/她们产出高质量的学术论文。可是，正如王老师的故事所展现的那样，这些话语背后，是我们看不到的个体的迷茫、困惑、挣扎、努力和抱负。

正因如此，这本书的目的就是讲述这些海归学者的个人故事与生活，期待让他/她们的真实面貌被看见。同时，我也期望相关的政策和资源能够真正帮助这些学者，改善他/她们的生活，帮助他/她们以健康、积极的心态前行，而不仅仅被视作"论文机器"或"学术工人"。我希望能够通过这些真实的故事引发社会对科研工作者群体的关注，推动更具人文关怀的政策和环境的建立，以支持学者们在追求学术理想的同时，能够过上更平衡、充实的生活。

（二）多样化的海归学者

本书的第一章聚焦并细化了新闻传播领域海归学者的基本面貌，强调了这个群体内部的复杂性。

通过数据分析，本书凸显了代际、地理、性别与阶层等不同视角下的群体差异。这些差异不仅揭示了海归学者的多样性，也反映了他/她们所处时代的深刻影响。

在长达十年的跟踪访谈中，我与受访者共同感受到了时代这个结构性变量的深刻影响。许多受访者曾戏称，早回国的海归学者"吃到了时代红利"。在那个年代，博士数量稀少，更不用说海归学者的稀缺性。正如一位 2000 年初回国的海归学者所回忆的：

> 那时我们可以自己选择学校，选择很多。一旦进入，不仅有编制，课程也不多，发表要求不高，很快就能评上教授。

然而，时至今日，博士已经泛滥，海归学者的稀缺性不再，高校更加看重的是论文的数量与质量、科研项目等成果。除了面临更加严苛的职称评审，海归学者们还承受着来自教学工作和公共服务等多方面的压力，尤其是北上广等一线城市高昂的房价和生活成本，让许多人感到身心俱疲。因此，不同时代的海归学者所面临的情况和挑战很不相同，他/她们的学术实践和身份认同也因此存在巨大的差异。

另一个值得关注的维度是地理上的差异性。中国领土广大，城乡差异、中西部地区与东部沿海地区间的差异，以及不同城市和学校间的差异，都是不可忽视的因素。在既有的研究和新闻报道中，北上广等一线城市的海归学者，尤其是来自 985 和 211 等大学的海归学者，常常获得了不成比例的关注。他/她们的成绩和表现被不断放大，海归学者群体的精英化叙事也随之加强。然而，那些来自中西部地区的海归学者，那些毕业于非西方发达国家或普通海外学校，尤其是那些在学术上表现一般，甚至没有什么发表成果的海归学者，又该如何找到自己的定位？他/她们的声音在主流话语中往往被忽略了。2016 年，在一次访谈中，一位来自中部地区高校的海归学者告诉我：

> 我们和那些北上广的海归不一样。像我这样一回国就不去重点大学，也不去长三角或者珠三角，而是直接回家的人，更多是在考虑家庭和生活。

但是在我们后续多年的沟通中，对于学术的抱负、不甘和对生活不断的妥协，会在他/她们不同的人生阶段中不断浮现并影响着学术实践。

性别问题在我们的访谈中被频繁提及，成为一个不容忽视的议题。正如前文所提到的，尽管在新闻传播学的学术发表中，女性研究者的数量占据了绝对优势，但为何她们在业绩上往往不如男性同行？这一现象背后，隐藏着复杂的性别化挑战和社会结构问题。

越来越多的女性海归学者在访谈中讲述了她们坚持走学术道路的不易。一些女性研究者提到，在学术会议和社交场合中，她们经常遭遇性别化的凝视和标签化的待遇。例如，一位女性学者回忆起在一次讲座中的经历：

> 主持人向学生们介绍我，说我是"智慧与颜值并存的美女海归老师"。我听了之后感到非常不舒服，因为在那个情境下，我的身份应该是一个老师、一个专业研究者，或者说是海归学者。可是不知道为什么，他偏要强调我的外形和性别。难道潜意识里认为，女性，特别是美丽的女性，不太可能专注于科研？

这种性别化的称谓，虽然看似无伤大雅，却无形中强化了社会对女性的刻板印象，使得她们在学术场合中不得不面临额外的压力。然而，更加深刻且困难的挑战是，女性研究者在家庭、工作和科研三者之间的平衡往往更为艰难。一位女性学者指出：

> 我观察到，在新冠疫情期间，我们系的男老师们的论文发表数量比平时更多了，但女老师们的则大幅下降。原因很简单，女性承担了更多的家务。大家常说"你要平衡"，这话听起来轻飘飘的，但现实是，人的时间和精力是有限的，我们都是普通人，不是超人。

（三）方法的选择

在访谈过程中，那些具体的人的故事和声音在我的脑海中挥之不去。这种对人的关注，而非单纯聚焦于研究成果或学术发表的兴趣，深深地影响了我对研究的思考。

我选择了文化视角的分析方法，将学者视为有生命、有情感的个体，而不仅仅是学术成果的生产者。他/她们不仅仅是数据和统计图表背后的一串数字，更是有着复杂情感和社会生活的人。通过这种视角，我试图理解他/她们的经历和思想、行动和情感，以及在这一过程中，种种外部和内部因素如何交织在一起，塑造着他/她们的学术和人生轨迹。

这种方法的核心，是关注每个学者背后的人性。每一位学者都不是孤立的个体，他/她们的学术成长、生活境遇、职业决策都与他/她们所处的文化、社会环境密切相关。通过深入了解他/她们的个体经历，我们可以揭示出更加真实的学术生态，并在其中找到他/她们面对挑战、应对压力时所做的选择与努力。在这个过程中，他/她们的情感、理想、矛盾和困惑都交织在一起，构成了一个多维度的研究对象，而非仅考量论文数量。

因此，本书不仅仅是对研究成果的展示，更是一段关于人、关于经历的故事。它关注的是每个学者如何在学术上找到意义，如何面对外部压力，如何在理想与现实之间做出艰难抉择。

这些故事和声音，是对学术场域中"人"这一维度的呼唤，也是对学术体制、社会环境以及文化背景为学者带来的影响的深刻反思。

二、不一样的声音

本节总结海归学者所经历的多重文化冲击、学术适应及身份认同的复杂性，具体涵盖出国与回国的双向文化冲击、学术写作、身份重塑以及实践策略等方面的议题。

（一）多重文化冲击

现有研究常常将海归学者这一群体简化为某种固定的身份类别、经历或专业资质，强调跨境学习这一特征。然而，这种视角往往忽视了海归学者在归国过程中所经历的争议，将这一群体的多元性、过程的复杂性以及社会情境的丰富性扁平化，忽略了其中那些充满矛盾、不一致乃至"摩擦"的声音。正如一位受访者所提到的：

> 我一直认为，最值得观察的活动并非发生在中心，而是在边界。我喜欢海岸线、锋面以及国界，因为在这些地方总能看到耐人寻味的摩擦与矛盾，比起站在任何一方的中心，处在交界点上更能看清楚双方，尤其当你站在两种文化中间时，更是如此。（Fadiman，1997）

在全球化背景下，中国的海归学者穿梭于国家和学术场域的交汇处，面临着各种形式的"摩擦"。

本书的研究旨在提供一个更加立体和生动的视角，细致地描绘我国新闻传播领域海归学者在出国、回国、融入、开展研究及寻求身份认同等不同阶段的独特故事与声音。

第六章　总结与讨论

在本书第三章中，我们深入探讨了海归学者在国内外所经历的双向文化冲击。具体而言，这些学者在海外求学时，主要以国际学生的身份留学和生活。由于大多数人将时间和精力投入学习，与当地社会的深层互动较为有限，因此他/她们所遭遇的文化冲击更多地体现在对国外学术界的适应上。在我们的访谈中，这种冲击主要表现为研究范式、研究路径和选题上的困惑。尤其在新闻传播领域，由于国内外学术环境的差异，跨境求学的留学生逐渐意识到，社会科学的知识并非中立，而是深受特定文化背景、立场和价值取向的影响。正如一位受访者所言：

> 我们的知识，并不像数理化那样具有普适性，它是在特定的西方社会情境中诞生的。例如，传播学的理论主要源自美国，具有很强的个人主义色彩，而在我们的国家，集体主义的影响更为深刻。所以，若仅仅照搬这些理论，往往会面临诸多问题。

这一观点揭示了海归学者在学术思维和理论应用上的困境，以及他/她们如何在跨文化的学术交流中寻求调适和突破。

新一代的海归学者逐渐形成了更为鲜明的本土意识和身份认同，他/她们逐步意识到，海外所学的知识与本土实际面临的问题之间有着某种不匹配。因此，他/她们在面对看似普遍适用的理论知识与变化中的社会情境时，需不断进行调适，力求找到自己的学术定位和存在感。在本书第三章的案例中，艾米丽为了顺利发表文章和就业，选择了健康传播领域中的定量研究路径；黄老师则陷入了中国研究与传播学研究之间的选择困境，揭示了本土性与普适性之间的矛盾；而文森特依循个人的价值观、学术兴趣和偏好，展现了更为独立的学术主体性。这三个案例呈现了我国海归学者在海外求学过程中所面临的不同的学术选择与个人取向。

另外，本书同样关注海归学者回国后所面临的逆向文化冲击。与以往的研究聚焦于我国留学生在海外的文化适应不同，长期生活在海外的学者，尽管对母国的文化和社会环境较为熟悉，但回到国内后，他/她们会在学术场域中感到一定的陌生感。正如有研究者指出，相比适应异国的新文化，重新融入原有的文化和学术情境会更加困难（Cox，2004）。与在海外的留学经历不同，回国后，留学生的身份发生了转变：他/她们不再是国际留学生，而是海归学者和教师。

本书识别了他/她们回国后所面临的三个主要冲击领域：学术写作、教学实践以及公共服务与学术生态。在这些压力的叠加下，许多海归学者表示，他/她们需要较长时间才能适应本土的学术环境。此外，相当一部分海归学者感到，他/她们在国内学术界被置于一种"象征性"的位置，主要用于满足院校国际化宣传的需求，而非真正参与学术内容和生态的实质性转型。这样的身份困境和角色期待，进一步加深了他/她们在学术实践中的不适感和文化冲突。

（二）学术适应与身份认同

本书第四章强调，对于海归学者而言，学术发表是其职业生涯的核心。与本土培养的博士不同，海外的学术训练使得海归学者在发表时可以选择使用中文或英文。然而，本书也指出，学术发表中的问题远不止语言选择，还包含多重影响因素。

进一步而言，本书挑战了传统研究中将海归学者的海外求学经验和学历等同于学术资本的假设，认为这种原本应被视为"多一条（发表的）路径，多一个选择"的优势，实际上转变为选择上的痛苦与焦虑。原因在于，国内外学术界的差异使得海归学者在有限的时间和精力下，必须在发展国际学术资本与建立本土学术影响力之间做出艰难选择。

正如一位受访者所说：

> 我们院长建议我，不能只埋头写论文，也不能仅仅发表英文论文。只有让大家看到你，了解你，才能在国内有所发展。因此，这几年我参加了很多会议，尽管大家都知道开会对学术本身帮助不大，每个人最多讲 15～20 分钟，观众未必能提出建设性意见，但至少可以认识人、让大家知道你是谁。

这一观点深刻揭示了海归学者在学术写作与身份认同的双重压力下，如何通过参与学术活动，寻求自身在国内学术界中的位置。

本书进一步将海归学者所面临的选择困境置于国内外学术界的互动框架中进行分析。我们将海归学者所处的本土学术场域与西方学术场域的关系划分为四种类型：英语主导的西方学术场域、本土话语主导的区域学术场域、双轨并行型场域和互动混合型场域。本书认为，由于我国正处于社会转型阶段，国内学术界也在与国外学术界进行着动态的交融、互动与竞争。因此，国家政策导向和高校考核标准的不断变化，导致海归学者必须在这种混合型学术生态中不断调整自身的学术实践，以应对和驾驭这种不断变化的学术环境。

有研究者指出，文化适应是一个持续的、永无止境的动态过程。从跟踪访谈中也能发现，大多数海归学者并非在刚回国时就清晰地确定了自己的学术路径，实际上，许多人是在不断调整和适应的过程中逐步明确了自己的方向的。因此，本书将海归学者的学术发表视为一种社会实践，这一过程不仅受到多个因素的交互影响，也是个体、组织与社会相互作用的结果。

具体而言，本书识别出个人层面、组织层面和学术社区/社会层面三个维度的影响机制。在个人层面，学者的个人能力（如语言能力、学术能力和学术经验与同伴支持）以及个人意愿（如学术进步、自我实现、学术流动和价值认同）等多重因素共同作用，影响学术发表；在组织层面，激励/支持（如荣誉和认可、资金支持和学术基础设施建设）、考核（如学术成果的数量与质量要求）等因素对学术发展发挥着重要影响；在学术社区/社会层面，学术社区影响（如同辈压力、学术社区文化和组织关系）以及社会影响（如社会期待、社会对话和生存压力）等因素同样不可忽视。

本书强调，在这些因素的交织下，海归学者的身份和主体性不断地被重塑，他/她们对知识生产的意义，以及自己在学术界、学术社区和社会中的定位，进行了不断的审视、反思和排序。这一过程不仅展现了学者个人的学术成长，也反映了他/她们如何在复杂的社会和学术环境中不断调整自己的实践。

第五章聚焦于海归学者回国后的具体业绩表现及其身份认同的变迁。尽管海归学者的学术发表能力方面存在诸多争议，但在新闻传播领域，对此尚缺乏系统的实证数据。本书对126名海归学者的访谈进行了探索性分析，对其中文和英文论文发表数量进行了描述

性统计。结果显示，这 126 名海归学者的中文论文年均发表数量为
0.62 篇，英文论文为 0.27 篇。

我们进一步以中英文论文年均发表数量的中位数（中文 0.5
篇、英文 0.2 篇）为分界线，将海归学者的中英文发表划分为四个
类型：中文和英文双高型，中文高、英文低型，中文低、英文高
型，以及中文和英文双低型。尽管国家、高校普遍期望海归学者能
在学术产出上表现突出，本书的统计数据却揭示了一些不容忽视的
现实：中英文双高型学者的比例最低，而中英文双低型的比例最
高。此外，中文高、英文低型的学者比例高于中文低、英文高型的
比例。

这些数据反映了一个残酷的现实，正如访谈中所提到的，许多
刚毕业的海归学者尚处于成长阶段，很多人夹在国际发表和本土写
作的双重压力中，无法同时在两个学术场域中取得预期的成绩。越
来越多的海归学者选择本土发表，而非继续在国际学术舞台上寻求
发展。

在这些数据之后，本书通过三个具体案例展示了三种不同的海
归学者发展路径。本书发现，来自香港地区和新加坡的海归学者在
我国新闻传播领域中学术发表产量是最高的。通过丽娜的故事，本
书阐释了香港地区的学术训练、地理位置以及广泛的学术合作网络
等因素如何导致了这些学者的高产。丽娜的成功不仅得益于她个人
的学术能力，还离不开香港地区学术环境的独特优势。

另一个案例是"失败者"黄老师的经历。黄老师是从欧美名校
毕业后回国的学者，进入了一所 985 高校担任特聘研究员。然而，

由于相关政策，两年后他被辞退。在进入另一所 211 高校后，黄老师再次遭遇"非升即走"，成为不稳定的"合同工"。黄老师的遭遇反映了在高校转型期间，海归学者在面对制度压力时的脆弱性。

最后一个案例的主人公是中西部地区一所"双非"院校的张老师。张老师并不急于在工作上有所突破，每一个选择都显得非常务实。他选择在东南亚地区短期内获得博士学位，随后选择了中西部地区二三线城市的一所普通高校，在薪资较低但没有考核压力的条件下工作。张老师的故事反映了一些海归学者对于职业发展的态度，他/她们更看重工作、生活间的平衡，而非追求学术上的迅速发展。

本书重点探讨了海归学者在归国多年后的身份认同变化。访谈数据揭示，海归学者的身份认同困惑，往往受到中国当代社会价值观、传统知识分子文化与海外学术范式三者的深刻影响。

随着生活压力的逐渐显现，海归学者的身份认同发生了微妙的转变。跟踪访谈进一步显示，海归学者对"海归"这一身份的认同逐渐淡化，他/她们开始更加关注和强调一个更为根本的问题——他/她们与学术的关系，以及在社会中的角色。

三、故事还在继续

在前述关于海归学者身份认同、学术实践与流动的讨论的基础上，本节进一步拓展了对未来研究方向的思考，指出未来研究可从流动性、知识生产、身份的多样化以及组织-个人关系等多个维度展开持续的深入探讨。

本节特别强调，海归学者的回国过程并非简单的归属地转变，而是一个复杂且动态的过程。

海归学者的回国并不是简单地从飞机上走下来，踏上国土的那一刻。通过讲述十年间新闻传播领域海归学者的故事，本书展示了在我国教育国际化的背景下，海归学者个体经历、抱负和策略的演变。随着我国高等教育在全球知识社会中日益发挥重要作用（Chen，2012），海归学者在这一过程中必将扮演十分关键的角色。

为了更好地促进海归学者在我国的适应和发展，本书建议相关管理部门除了关注海归学者的引入政策和绩效考核，还应更加重视他/她们的个人生活、心理变化以及提供持续的支持。尤其对于那些年轻的海归学者，应建立更加完善的资源支持体系，并对现有的考核体系进行进一步的评估和优化，为他/她们提供相对充裕的时间进行适应和调整，进而更好地保障他/她们能够实现学术抱负和职业理想。

此外，本书也发现了一些值得关注和进一步探索的研究方向：

第一，流动的故事。从海外到本土的回归只是海归学者流动过程的一部分。本书的访谈数据表明，在2014—2024年，这种流动的故事仍在继续。具体而言，海归学者除了在国内不同学校、城市和地区间流动，还会在内地与香港地区、澳门地区间流动，以及在国家间流动。大多数现有研究集中于海归学者回国后的首次选择，未来的研究可以进一步探讨这种流动的持续性、原因、过程以及类型分布，比如：

海归学者的流动方向是否与其学术发表、科研项目或人才称号之间存在正相关?

在新闻传播领域，海归学者的二次或多次流动是否呈现出地理位置或高校平台上的某些趋势?

在流动前后，海归学者的职称及其学术产出是否发生了显著变化?

海归学者的流动是否会受到年龄、性别、家庭等因素的影响?

国内流动与跨境乃至跨国流动的海归学者，其原单位、学术产出、本土嵌入与身份认同等方面是否存在差异?

通过对这些问题的进一步探索，未来的研究可以更深入地探讨海归学者在全球学术流动中的多样化行为，揭示流动背后的动因与结果。

第二，知识生产的故事。现有研究普遍认为海归学者接受了较为系统和严格的学术训练，但大多数关注点集中在他/她们的发表数量上，鲜有研究深入探讨这些学者所生产的具体文本和知识体系。在我国当下致力于建设自主知识体系的背景下，这一议题尤为重要。

未来的研究可以探讨以下几个方面：

海归学者的研究选题更倾向于本土性，还是偏向跨境、跨国的比较研究?

他/她们在理论构建上，是依赖于西方现有的成熟理论，还是更倾向于提出本土化的概念、理论和框架?

海归学者是否对西方理论中隐含的社会情境、价值立场和知识假设进行了批判性讨论与反思?

在国际发表和本土写作中,他/她们是否呈现出了不同的问题意识和概念化方式?

海归学者是否以及如何参与我国自主知识体系的构建,他/她们是否提出了基于中国本土的学术话语和知识架构?

这些本土话语是否以及如何得到国内外学术界的理解、反馈?

第三,海归学者身份的多样化故事。正如本书所揭示的,海归学者在代际、地理、性别和阶层等多个维度上存在着丰富的差异性和多样性,这种差异性有助于我们更全面地理解这一群体。未来的研究可以进一步探讨这些细致而深入的故事。例如,关于中西部地区以及地方性大学中的海归学者,我们对他/她们的了解仍然较为有限。我们尚不清楚他/她们面临的独特挑战、学术实践与北上广高校以及 985、211 高校中海归学者的区别。

此外,另一个常被忽视的群体是中外合办大学中的海归学者,包括但不限于上海纽约大学、宁波诺丁汉大学、西交利物浦大学等。尽管这些学者也在大陆地区工作,但他/她们的学术故事鲜有人知。未来的研究可以探讨,他/她们是否因所在学校的组织体系和学术社区文化而呈现出与其他高校海归学者不同的学术实践?他/她们如何规划和发展他/她们的职业路径?这些问题都是值得深入探索的。

第四,组织-个体关系的研究。我国高校既不同于传统的"铁饭碗"单位,又有别于欧美高校,很多高校实行双轨甚至多轨制度。处于这种环境中的海归学者经历着工作、科研和心理上的变化。在访谈中，许多海归学者表示，他/她们难以清晰界定自己与所在组织机构的关系，这引发了组织管理、身份认同和情感等方面的问题。

未来的研究可以探索：

海归学者如何界定自己与所在院系及高校的关系？

这种认同感又是如何影响他/她们的人际交往、组织承诺以及公共服务的？

人和组织之间的关系是否以及如何影响海归学者的稳定性和流动性？

高等教育的制度转型，是否培养了更具市场化和企业家精神的学者，如何促进了海归学者新的主体身份的形成？

教育领域中，学者与院校的关系如何映射出更广泛的个体与组织、社会和政府之间的互动与张力？

上述列举的研究方向为进一步探讨海归学者的学术实践、身份认同和学术流动提供了有价值的视角。

本书通过展示2014—2024年我国新闻传播领域海归学者的人生轨迹，揭示了这一群体在社会变革中的角色和发展路径，不仅为我们理解这一群体在特定社会情境下的面貌提供了一个小小的窗口，也为未来的学术探索提供了启发。

作为新闻传播领域首部聚焦海归学者的专著，本书期望能够起到抛砖引玉的作用，为高校的从业者、管理者和相关组织部门提供一手的数据和相关思考，推动海归学者的健康成长和我国高等教育事业的国际化进程。

参考文献

参考消息网．（2016）．BBC：内地顶尖高校实力甩开香港 科研成绩尤为耀眼．https：//baijiahao. baidu. com/s? id＝1548831276926606.

陈昶文．（2023）．写在读博半程之际．https：//mp. weixin. qq. com/s/i8x50KIPu09cGxQVi-XIkA.

陈先哲．（2017）．学术锦标赛制：中国学术增长的动力机制与激励逻辑．高等教育研究，38（9）．

邓正来．（2000）．中国社会科学的再思考：学科与国家的迷思．南方文坛，1.

邓正来．（2004）．对知识分子"契合"关系的反思与批判：关于中国社会科学自主性的再思考．天津社会科学，6.

孙麾，俞吾金，邓正来，等．（2005）．21 世纪人文社会科学学术期刊发展战略研讨（笔谈）．浙江学刊，3.

董云川，张琪仁．（2017）．当大学滑入江湖：学人生态的另一种解析．江苏高教，10.

方可成．（2023）．我的学术起步与探索．https：//newsletter. newslab. info/my-academic-journey-10-years/.

黄应全．(2008)．学术声誉与学界的江湖化．粤海风，4.

金兼斌．(1999)．传播研究典范及其对我国当前传播研究的启示．新闻与传播研究，2.

金兼斌，王珊珊．(2005)．全球化与本土化夹缝中的生存：对"海归"传播学者研究状态的一次探索性研究．新闻与传播研究，12（3）.

贾鹤鹏，张志安．(2015)．新闻传播研究的国际发表与中国问题：基于SSCI 数据库的研究．新闻大学，3.

李红涛．(2013)．中国传播期刊知识生产的依附性：意识形态、机构利益与社会关系的制约．传播与社会学刊，23.

李喜根．(2009)．新闻与传播学理论以及新闻与传播学科学研究．新闻与传播研究，16（1）.

刘海龙．(2011)．传播研究本土化的两个维度．现代传播，9.

刘方．(2011)．传播学研究方法使用概况：基于对《国际新闻界》2008—2010 年期刊的分析．东南传播，7.

吕德文．(2007)．在中国做"海外中国研究"：中国研究的立场与进路．社会，6.

陆娅楠．(2018)．去年我国研发投入超 1.76 万亿元．https：//www.gov.cn/xinwen/2018 - 10/10/content _ 5329097.htm.

何小清．(2008)．建国以来我国人文社会科学学术研究国际化发展学科分析：基于 SSCI、A&HCI（1956—2006）的定量分析．东岳论丛，3.

孟晋宇，陈向东．(2017)．中国海归学者科研产出分析及国际合作启示：以麻省理工学院和斯坦福大学归国人员为例．北京航空航天大学学报（社会科学版），30（6）.

苗伟山，贾鹤鹏，张志安．(2018)．为何缺乏本土化关照？：新闻传播领域国际发表中的问题反思．新闻大学，4.

发表记．（2020）．何去何从？：中国学者的发表之路．2020 年中国发表生态报告（人文社科类）．http：//www. 360doc. com/content/21/0122/08/33506 793_958263409. shtml.

钱锺书．（2003）．围城．北京：外语教学与研究出版社．

苏钥机，王海燕，宋霓贞，等．（2013）．中华传播研究的现况：谁做什么和引用谁．传播与社会学刊，23.

孙皖宁，苗伟山．（2016）．底层中国：不平等、媒体和文化政治．开放时代，2.

王怡红．（2009）．传播学发展 30 年历史阶段考察．新闻与传播研究，16（5）.

吴飞．（2009）．中国大陆传播学知识生产场域透视．当代传播，4.

吴飞，丁志远．（2011）．中国传播学研究群体特征分析．国际新闻界，33（1）.

余广源，范子英．（2017）．“海归”教师与中国经济学科的“双一流”建设．财经研究，43（6）.

赵宴群．（2010）．对我国人文社会科学工作者在 SSCI、A&HCI 期刊发表论文的分析与思考．复旦教育论坛，8（1）.

郑咏滪．（2016）．学术语言国际化不等于英语化．http：//www. rmlt. com. cn/2016/0721/433826. shtml.

祝建华．（2001）．中文传播研究之理论化与本土化：以受众及媒介效果的整合理论为例．新闻学研究，68.

祝建华．（2002）．传播研究国际化的国际经验：个人学术训练与机构奖惩体制的影响．张国良，黄芝晓（主编）．中国传播学：反思与前瞻：首届中国传播学论坛文集．上海：复旦大学出版社．

朱鸿军，苗伟山．（2017）．作为知识把关人的学术期刊：基于中国新闻传播学 6 本 CSSCI 期刊的实证研究 . 现代传播，39（6）.

谢爱磊 .（2016）. 精英高校中的农村籍学生：社会流动与生存心态的转变 . 教育研究，37（11）.

谢凌凌 .（2017）. 高校学术权贵现象、成因及限制 . 现代大学教育，2.

阎光才 .（2017）. 学术职业选择、阶层趣味与个人机遇 . 华东师范大学学报（教育科学版），35（6）.

余荔 .（2018）. 海归教师是否促进了高等教育国际化：基于"2014 中国大学教师调查"的研究 . 高等教育研究，39（8）.

朱佳妮 .（2017）."学术硬着陆"：高校文科青年海归教师的工作适应研究 . 复旦教育论坛，15（3）.

张志安，贾鹤鹏 .（2015）. 中国新闻传播学研究的国际发表现状与格局：基于 SSCI 数据库的研究 . 新闻与传播研究，22（5）.

Achenbach，R.（2017）. *Return migration decisions* . Springer Fachmedien Wiesbaden. : *A study on highly skilled Chinese in Japan.*

Anderson，B.（2020）. Imagined communities：Reflections on the origin and spread of nationalism. In *The new social theory reader*（pp. 282 – 288）. Routledge.

Ai，B.，Wang，L.（2017）. Homeland integration：An academic returnee's experiences in Chinese universities. *International Journal of Qualitative Methods*，16（1），1609406917696741.

Atkinson，R.（1998）. *The life story interview*. Sage Publication，Inc.

Barnett，R.，Phipps，A.（2005）. Academic travel：Modes and directions. *The Review of Education*，*Pedagogy*，*and Cultural Studies*，27（1）.

Blais，J.，Motz，C. P.，& Pychyl，T. A.（2016）. Mentored teaching，or how I learned to stop worrying and love teaching. *College Teaching*，64（1）.

Blommaert, J. (2005). *Discourse: A critical introduction.* Cambridge University Press.

Blommaert, J. (2018). *Durkheim and the internet: On sociolinguistics and the sociological imagination.* Bloomsbury.

Bourdieu, P. (1984). *A social critique of the judgement of taste.* Routledge.

Cantwell, B. (2011). Transnational mobility and international academic employment: Gatekeeping in an academic competition arena. *Minerva*, 49 (4).

Canagarajah, S. (2002). Multilingual writers and the academic community: Towards a critical relationship. *Journal of English for Academic Purposes*, 1 (1).

Casanave, C. P. (2003). Looking ahead to more sociopolitically-oriented case study research in L2 writing scholarship: (But should it be called "post-process"?). *Journal of Second Language Writing*, 12 (1).

Chen, Q. Q. (2017). *Globalization and transnational academic mobility: The experiences of Chinese academic returnees.* Higher Education Press.

Chen, G. M., Miike, Y. (2006). The ferment and future of communication studies in Asia: Chinese and Japanese perspectives. *China Media Research*, 2 (2).

Chen, S. Y. (2012). Contributing knowledge and knowledge workers: The role of Chinese universities in the knowledge economy. *London Review of Education*, 10 (1).

Crenshaw, K. (2013). Demarginalizing the intersection of race and sex: A black feminist critique of antidiscrimination doctrine, feminist theory and anti-racist politics. In *Feminist legal theories* (pp. 23 - 51). Routledge.

Cox, J. B. (2004). The role of communication, technology, and cultural identity in repatriation adjustment. *International Journal of Intercultural Relations*, 28 (3 - 4).

Curry, J. M. , Lillis, T. (2004). Multilingual scholars and the imperative to publish in English: Negotiating interests, demands, and rewards. *TESOL Quarterly*, 38 (4).

Duszak, A. , Lewkowicz, J. (2008). Publishing academic texts in English: A Polish perspective. *Journal of English for Academic Purposes*, 7 (2).

Fadiman, A. (1997). *The spirit catches you and you fall down*. Farrar, Straus and Giroux.

Fahey, J. , Kenway, J. (2010). International academic mobility: Problematic and possible paradigms. *Discourse: Studies in the Cultural Politics of Education*, 31 (5).

Flowerdew, J. (2000). Discourse community, legitimate peripheral participation, and the nonnative-English-speaking scholar. *TESOL Quarterly*, 34 (1).

Flowerdew, J. , Li, Y. Y. (2009). The globalization of scholarship: Studying Chinese scholars writing for international publication. In *Writing in foreign language contexts: Learning, teaching, and research* (pp. 156 - 182). Multilingual Matters.

Flowerdew, J. , Li, Y. Y. (2009). English or Chinese?: The trade-off between local and international publication among Chinese academics in the humanities and social sciences. *Journal of Second Language Writing*, 18 (1).

Flowerdew, J. (2013). *Discourse in English language education*. Routledge.

Ge, M. (2015). English writing for international publication in the age of globalization: Practices and perceptions of mainland Chinese academics in the humanities and social sciences. *Publications*, 3（2）.

Geertz, C. (1983). The way we think now: Toward an ethnography of modern thought. In *Local knowledge: Further essays in interpretive anthropology*. (pp. 148 - 163) . Harper Collins Basic Books.

Ghosh, B. (2000). Introduction. In *Return migration: Journey of hope or despair?* (pp. 1 - 5). International Organization for Migration.

Grimshaw, T. , Sears, C. (2008). 'Where am I from?' 'where do I belong?': The negotiation and maintenance of identity by international school students. *Journal of Research in International Education*, 7（3）.

Goonasekera, A. , Kuo, E. (2000). Foreword. *Asian Journal of Communication*, 10（2）.

Gullahorn, J. T. , Gullahorn J. E. (1963). An extension of the U-curve hypothesis. *Journal of Social Issues*, 19（3）.

Haraway, D. (1988). Situated knowledges: The science question in feminism and the privilege of partial perspective. *Feminist Studies*, 14（3）.

Haslberge, A. (2005). The complexities of expatriate adaptation. *Human Resource Management Review*, 15（2）.

Haslberger, A. (2005). Facets and dimensions of cross-cultural adaptation: Refining the tools. *Personnel Review*, 34（1）.

Huang, Y. D. , Kuah-Pearce, K. E. (2015). "Talent circulators" in Shanghai: Return migrants and their strategies for success. *Globalisation, Societies and Education*, 13（2）.

Huang, J. C. (2010). Publishing and learning writing for publication in English: Perspectives of NNES PhD students in science. *Journal of English for Academic Purposes*, 9（1）.

Huang, Y. T. (2021). Responding to the neoliberal and managerial chan-ges: A generational perspective of Chinese academics. *Compare: A Journal of Comparative and International Education*, 51 (8).

Hyland, K. (2016). Academic publishing and the myth of linguistic injus-tice. *Journal of Second Language Writing*, 31.

Ishikawa, M. , Sun, C. Z. (2016). The paradox of autonomy: Japan's vernacular scholarship and the policy pursuit of "super global". *Higher Educa-tion Policy*, 29.

Jia, H. P. , Miao, W. S. , Zhang, Z. A. , Cao, Y. H. (2017). Road to international publications: An empirical study of Chinese communication schol-ars. *Asian Journal of Communication*, 27 (2).

Kim, M. S. (2010). Intercultural communication in Asia: current state and future prospects. *Asian Journal of Communication*, 20 (2).

King, R. (2002). Towards a new map of European migration. *International Journal of Population Geography*, 8 (2).

Kuteeva, M. , Mauranen, A. (2014). Writing for publication in multi-lingual contexts: An introduction to the special issue. *Journal of English for Academic Purposes*, 13.

Lave, J. , Wenger, E. (1991). *Situated learning: Legitimate peripheral participation*. Cambridge University Press.

Lei, J. , Jiang, T. M. (2019). Chinese university faculty's motivation and language choice for scholarly publishing. *Ibérica*, 38.

Ley, D. , Kobayashi, A. (2005). Back to Hong Kong: Return migra-tion or transnational sojourn? . *Global Networks*, 5 (2).

Li, Y. Y. , Flowerdew, J. (2009). International engagement versus local commitment: Hong Kong academics in the humanities and social sciences writing for publication. *Journal of English for Academic Purposes*, 8 (4).

Li, Y. Y. (2014). Seeking entry to the North American market: Chinese management academics publishing internationally. *Journal of English for Academic Purposes*, 13.

Li, Y. Y. (2006). A doctoral student of physics writing for publication: A sociopolitically-oriented case study. *English for Specific Purposes*, 25 (4).

Li, Y. Y. (2006). Negotiating knowledge contribution to multiple discourse communities: A doctoral student of computer science writing for publication. *Journal of Second Language Writing*, 15 (3).

Li, H. T., Lee, C. C. (2014). Guanxi networks and the gatekeeping practices of communication journals in China, *Chinese Journal of Communication*, 7 (4).

Liu, X., Liang, X., Zheng, P. (2016). A content analysis of research on China in top-ranked communication journals from 1995 to 2014: A comparison with other Asian countries. *Asian Journal of Communication*, 26 (6).

Liu, W. S., Hu, G. Y., Tang, L., Wang, Y. D. (2015). China's global growth in social science research: Uncovering evidence from bibliometric analyses of SSCI publications (1978 – 2013). *Journal of Informetrics*, 9 (3).

Leung, M. W. (2017). Social mobility via academic mobility: Reconfigurations in class and gender identities among Asian scholars in the global north. *Journal of Ethnic and Migration Studies*, 43 (16).

Ma, Y. P., Pan, S. Y. (2015). Chinese returnees from overseas study: An understanding of brain gain and brain circulation in the age of globalization. *Frontier of Education in China*, 10.

Man, J. P., Weinkauf, J. G., Tsang, M., Sin, G. H. D. D. (2004). Why do some countries publish more than others?: An international comparison of research funding, English proficiency and publication output in highly ranked general medical journals. *European Journal of Epidemiology*, 19.

Mannheim, K. (1952). *Essays on the Sociology of Knowledge* (Vol. 5). Routledge.

Matus, C. (2009). Time as becoming: Women and travel. *Journal of Curriculum Theorizing*, 25 (3).

Miao, W. S., Huang, Y. (2021). Politics matters: The power dynamics behind Chinese English-language humanities and social science journals. *Learned Publishing*, 34 (3).

Miao, W. S., Tian, X. L. (2022). Persona: How professional women in China negotiate gender performance online. *Social Media + Society*, 8 (4).

Miles, M. B., Huberman, A. M., Saldana, J. (2014). *Qualitative data analysis: A methods sourcebook* (3rd ed.). Sage.

Miike, Y. (2007). Asian contributions to communication theory: An introduction. *China Media Research*, 3 (4).

Neuman, W. L. (2007). *Social research methods: Qualitaive and quantitative approach* (6th ed.). Pearson Education.

Norton, B. (2000). *Identity and language learning: Gender, ethnicity, and educational change*. Longman.

Oberg, K. (1954). *Culture shock*. Bobbs-Merrill.

Peng, Y. Z., Hou, Z. Y., KhosraviNik, M., Zhang, X. X. (2023). "She uses men to boost her career": Chinese digital cultures and gender stereotypes of female academics in Zhihu discourses. *Social Semiotics*, 33 (4).

Robertson, S. L. (2010). Critical response to special section: International academic mobility. *Discourse: Studies in the Cultural Politics of Education*, 31 (5).

Shi, L. (2003). Writing in two cultures: Chinese professors return from the West. *Canadian Modern Language Review*, 59 (3).

Shi, L., Wang, W. Y., Xu, J. W. (2005). Publication culture of foreign language education journals in China. *TESOL Quarterly*, 39 (4).

Silverman, F. H. (1999). *Publishing for tenure and beyond*. Praeger.

So, C. Y. (2010). The rise of Asian communication research: A citation study of SSCI journals. *Asian Journal of Communication*, 20 (2).

Swales, J. M. (1990). *Genre analysis: English in academic and research settings*. Cambridge University Press.

Swales, J. M., Leeder, C. (2012). A reception study of the articles published in English for Specific Purposes from 1990 – 1999. *English for Specific Purposes*, 31 (2).

Tai, Q. Q., Truex, R. (2015). Public opinion towards return migration: A survey experiment of Chinese netizens. *The China Quarterly*, 223.

Taylor, C. (1992). *Multiculturalism: Examing the politics of recognition*. Princeton University Press.

Tenzin, J. (2017). The ecology of Chinese academia: A third-eye perspective. *The China Quarterly*, 231.

Tian, F. M. (2018). Return migration decisions: A study on highly skilled Chinese in Japan. *Asian and Pacific Migration Journal*, 27 (2).

Tönnies, F. (1887). *Gemeinschaft und Gesellschaft: Abhandlung des Communismus und des Socialismus als empirischer Culturformen*. Fues.

Xu, H. G. , Wang, K. , Ye, T. (2017). Women's awareness of gender issues in Chinese tourism academia. *Anatolia*, 28 (4).

Xu, D. (2009). Opportunities and challenges for academic returnees in china. *Asia Pacific Journal of Management*, 26.

Wang, G. (2009). Asian communication research in ferment: Moving beyond Eurocentrism. *Asian Journal of Communication*, 19 (4).

Wang, C. B. , Wong S. L. (2007). Home as a circular process: The Indonesian-Chinese in Hong Kong. In *Beyond Chinatown: New Chinese migration and the global expansion of China* (pp. 182 – 209). NIAS Press.

Wang, C. B. , Wong, S. L. , Sun, W. B. (2006). Haigui: A new area in China's policy toward the Chinese diaspora?. *Journal of Chinese Overseas*, 20 (2).

Uzuner, S. (2008). Multilingual scholars' participation in core/global academic communities: A literature review. *Journal of English for Academic Purposes*, 7 (4).

Zweig, D. , Chen, C. G. , Rosen, S. (2004). Globalization and transnational human capital: Overseas and returnee scholars to China. *The China Quarterly*, 179.

访谈摘录

摘录一　海外学习的经历、反思与回国

访谈 6 摘录

研究者：能和我们聊聊当时为什么出国留学吗？

受访者 6：这个事情已经过去十多年了，现在想想，好像就发生在昨天。如果你当时问我这个问题，我可能也说不上什么，就感觉想去读书。事后来看，其实对一些事情就能比较通透，很多点都串起来了。我的父母都是老师，（自己）也是在大学校园中长大的，所以天然对老师这个职业有一些亲近或者熟悉，会把它放在心里的职业清单中。本科读的是新闻，大三的时候去报纸、电视台和互联网公司实习过，感觉和自己想象的不一样，对于进入这个行业内心也有一些抵触。现在带学生，有时候和他/她们聊，他/她们也说不想工作或者不想进入社会。问他/她们为什么，学生的回答和我一样，就是实习后，发现和他/她们想象的不一样，因为加班、工资

低、挤地铁等，觉得这不是他/她们向往的事情。那怎么办？对我们来说，很顺理成章的一件事就是继续读书。我说顺理成章是因为继续读书这个事情甚至不需要什么借口，社会、父母和老师，都觉得继续深造是好事，不论是从未来就业还是从个人成长的角度来看。所以我是为了逃避工作去读书的，一开始并没有什么特别崇高的学术追求或者理想。

当时我的本科成绩一直很好，应该可以保研。大学期间去香港地区交换过一学期，觉得那边的学术训练更加扎实一些。也咨询过一些老师和师兄、师姐的意见，有的人说年轻的时候就要出去多走走看看，还有一位老师的话我印象很深，他说你本科已经在很好的起点，未来的学历应该是不断增值的，去一个更好的学校，这样以后你的选择面会更宽，可以降维选择。如果一直待在这里，毕业后大概率只能去（排名）不如这里的学校。这就是我们说的学历资本，要找一个含金量更高的、市场更加认可的学校。这里面确实有很务实的想法。找工作或者选城市，很多地方都看学校排名。比如说深圳的大学，如果你的毕业院校是 QS 排名前 200，是有人才奖励的。英国也是这样，对世界名校的毕业生设置了专门的签证，不需要有雇主担保或者工作证明，就可以拿着学历直接过去。从内心深处，可能我们还是内化了教育领域的这种全球等级秩序，更加认可中心地区。所以这些家庭、社会和个人等的因素综合起来，使我走向了出去留学的路。

研究者： 读了几年？在那边上学是什么情况？

受访者 6： 我拿到了一个四年的资助录取，学费是全免的，需要做研究助理或者教学助理来获得每个月的生活资助。如果超过四年，就需要自己准备生活费。刚去的时候，对一切都是新鲜和好奇的。印象特别深就是语言问题，虽然考了雅思、托福，但在和人实际沟通的时候，有时候还是听不懂。说实话，挺让人沮丧的。特别是上课的时候，特别害怕讨论，总是感觉一肚子话说不出来。当时学校的训练方式也和国内很不一样，我在国内的（研究生）同学说他/她们一学期有十几门课，而我在这边和导师沟通，他建议我一学期选2～3门课，我对他说想去旁听别的课程，他说你会承受不了。当时我没理解什么意思，结果上课时傻眼了，因为真的很累，每周的阅读量有几百页纸，如果不看，上课就跟不上。所以第一个学期的期末，下着很大的雪，我窝在家里读文献，感觉整个世界除了我没有别人。在国内时有家人朋友，大家住得也近，所以从来没有经历过这种孤独。

研究者：后面是不是好点了？

受访者 6：好一些。其实就是要经历适应的过程。我从小就是好学生，所以对学习一直看得很重。前两年基本没有什么闲暇生活，一直在学校、图书馆和家之间打转。这里面有一股子不服输的劲头，就是我想要证明自己给别人看。上完一学期的课程后，学院就让我们和导师沟通，确定未来的研究方向。这个时候，刚入门，学的也都是一些最基础的知识，对于选方向没有太多的想法，觉得这个（方向）挺有意思，那个（方向）做起来也行。所以我就和上几届的中国学生聊天。当时博士毕业没有对论文发表的要求，我知道现在国内要求发表两篇 C 刊才能毕业，美国学校对此一直没有要求，因为大家觉得这是自己的事情。上一届的一位学姐对我说，找

223

工作的时候，大家看的都是求职者发表的论文数，这个是"硬通货"，数量越多越好。所以我在选方向的时候也考虑到了这一点。另外，还可以看看导师和学院的老师在做什么方向的研究。我的导师是一个明星学者，他是好几本期刊的主编，所以在他的影响下，我很自然地选了他所致力于的健康传播研究。大部分学生对于整个学科领域的了解是有限的，对于自己的能力和兴趣的了解也是不足的，所以很大程度上会受到环境的影响，例如你的导师、学院的老师和整个学术共同体的潮流。所以现在我会让学生在定方向之前，先广泛地看看整个领域的文章，找找自己的兴趣，再去确定方向。但是现在我也发现，学生不太会站在学术角度去理解一个研究方向，例如这个方向整体的情况和未来的发展等。

研究者：在这个过程中，你有没有对传播学中的一些中国议题、数据或者理论有过思考？

受访者6：有过一些，不是很多。因为当时主要处于学习的心态。先把事情搞明白，才能去判断或者分析，才能发出一些个体的声音。当时天天读文献，就是在了解一些概念、理念和研究方法。最多在做学期小作业的时候，做一些探索性的研究，这个时候可能会因为追求数据获取的便捷性，而在微博或者国内的其他网站上抓一些数据，做一些分析。但是最终还是要去回应理论性问题，分析的重点不是中美文化比较。

我们的阅读材料中很少有关于中国的研究，大部分是一些比较经典的或者前沿的西方论文。我个人也没太读过国内的研究，不是不感兴趣，而是没有时间和精力，因为得把课程任务应付完。还有一点，我觉得这与整个训练体系有关系，因为学院所制定的培养方案的目的，是把学生训练成一个能够熟练开展传播学研究的博士，所以不会刻意往里面塞一些与中国研究有关的课程。在和周围的老师、同学聊天的时候，大家也都是往这个方向走的。比如技术接受模型，大家在学习和分析它时，重点是这个概念的适应性或者如何对其进行调整，不会专门讨论某个国家。

可能这个背后有一个假设，那就是传播学理论是全球通用的，所以我们是朝着这个方向前进的。我知道你说的意思，回国后大家都在谈论自主知识体系建设。

研究者：你当时怎么考虑回国发展呢？

受访者 6：在论文答辩之前，我就开始找工作了。先在美国找的，投了好几个地方，也有过一些面试机会。美国很大的一个问题是很多学校都在比较偏远的小镇，就是中西部。东、西海岸也有大学，地理位置好，大家都想去，所以竞争很激烈，用现在的话说就是很卷。我对一个地方印象很深，当时是坐飞机去的，很晚才落地，然后坐了很久的车，越走越偏，心里有些犯嘀咕。第二天在学校里面参观，校园很小，周边也没有什么基础设施。因为我是城市里面长大的，更习惯热闹的地方。读书的时候可以待在位置比较偏僻的地方，但是工作了，有了生活，肯定还是要考虑学校的位置。当然还有个私人原因。当时我男朋友也快毕业了，所以如果我们想长久在一起的话，他能不能在当地找到工作就是个很大的影响因素。后来我也投了香港地区和新加坡的一些学校，有的也进入了面试，但实话实说，没拿到最终的 offer。它们那边的竞争还是很激烈的，毕竟工资很高。当时我想的是，其实香港地区是最合适的，离家近，男朋友也能在当地或者深圳工作，工资也高，整个教学方式和体系也是我熟悉的。最后没有更好的选择，就回国了。

研究者：所以回国基本上是基于个人实际情况的选择？

受访者6：我是这种情况。毕业了想找到一份不错的工作，学校好、工资高、地理位置好、能平衡家庭和生活。这都是很务实的想法，我有时候也问学生找工作的标准是什么，他/她们开玩笑说"钱多事少离家近"。所以你看，大家都这样。当然，可能大家心里会对于大学老师有一些美化甚至是神化，认为我们在象牙塔里面，为学术献身，板凳要坐十年冷。我从小是在大学校园里长大的，见过和了解很多老师的情况。大家都是普通人，也有七情六欲，也要吃喝拉撒睡，在很多事情上，大家都是一样的。

研究者：能具体聊聊你当时是怎么回国找工作的吗？

受访者6：毕业的时候，身边的中国同学都会面临留下还是回国的问题。每个人实际情况不同，想法也不一样，所以做出选择的过程因人而异。理工科的博士人数最多，发展路径比较成熟，感觉大家好像已经形成了一个共识：先在美国做一段时间教学工作甚至是博士后，如果能在类似《自然》（*Nature*）或者《科学》（*Science*）等顶刊发文章，就会有更多的选择，比如顺利拿到终身教职或者去更好的学校，或者通过人才引进计划回国。如果完全以博士生的身份回国，大概率要从助理教授做起，这样其实和本土博士的起点是一样的，甚至更低。因为我们不熟悉国内的环境，也没有太多的社会关系，只有学历和海外训练背景。我身边有很多这样的人，在美国做博士后，两三年签一次合同，如果老板的项目有钱就继续做，没有钱就换个实验室。这种情况很普遍，做两三轮博士后，甚至十多年。所以本质上是需要多积累一些学术资本，找到更好的平台。

我是新冠疫情前毕业的。文科博士后的机会比较少，再加上我们这个学科，即使做了博士后，也不能很快发表论文，所以我直接找了国内高校。在美国的时候，也有一些国内高校来招聘，我们私下讨论最多的其实是待遇。国内最好的学校都集中在北上广，这就带来了一个问题：生活成本很高。如果工资不能保障一个体面的生活，研究也很难做好。还有一点，就是你对这个工作有多大的期待。老实说，不是每个人都希望能在工作上实现自我或者有所成就。我自始至终都把科研当作一份工作，目的是过上更好的生活，不是非要燃烧自己，做出什么惊天动地的成绩。所以，刚才您问我有没有思考过研究关于中国的议题，其实我没怎么想过。有多大力，做多少事，出了办公室，我就不怎么想这些事情，这是我的价值观。所以在选工作的时候，没有投北上广的学校，也不是很在乎是不是"985"，我希望能直接评上副高，工资高一些，安家费多一些，尽量过得舒服一些。

摘录二　海归学者在国内的经历与故事

访谈 24 摘录

研究者：刚回国时，有哪些印象比较深刻的地方？

受访者 24：找工作的时候，很多人会提醒你注意岗位是不是带编制。但实际上我不知道到底什么是编制。我们一般理解编制是一种身份，有编制了就稳定了，只要没有违法犯罪，一般来说，这个工作就很稳定。有时候长辈们讲，这种工作不会丢，是铁饭碗。找工作的时候，海外没有这种说法。

研究者：那你现在有编制吗？

受访者 24：（学校）说有，但是我始终不清楚。其实没有一个明显的标志性物品告诉你有编制还是没编制，但进来之后，一些分配的方式总是在提醒你编制内和编制外的区别，尤其是资源分配，最终编制会演化为一种自我身份的认同，包括人际关系划分。我们院里分三种模式，合同的、聘任的、人事代理的。

研究者：你身边的情况呢？

受访者 24：北上广的这种情况比较严重，××学院院长都没有编制，表面上属于教授，实际上在学校内部系统中是一个所谓的长聘副教授。对外可以说自己是教授，也给很多钱，但是没有编制，隔几年考核一次，重新签署合同。我感觉这是用钱换稳定。好像发达的地方会把编制收紧，要求高，钱给得多。稍微偏远一点的地方，东北、西北，没多少钱。

研究者：你进来后有什么考核吗？

受访者24：评副高我们主要考核三大块内容，项目、论文和教学。大家最关注的是项目，与论文一起是硬条件。讲师评副教授的话，项目要么是省部级以上项目，要么是一个国家社科项目或者两个厅级项目。论文要求5篇C刊；或1篇权威期刊，外加两篇C刊；如果有2篇权威期刊也可以。一般来说这两个硬条件比较严格，现在还加了教学方面的考核，就是必须得有教学项目，或者指导学生获奖，又或者得讲课比赛校级二等奖以上奖项等，反正就是加强了对教学的要求。

研究者：你感觉和海外有什么不同？

受访者24：有些东西没法比，但我们会有一个总体上的感觉。现在我的感觉是，总体上我们的要求比海外的高。这个要求，你需要花费很多时间精力才能达到。比如论文，发C刊一点也不比国外的期刊容易，因为期刊数量太少了，但是需求很大，所以竞争很激烈。然后说项目，大部分国外的高校是没有相关要求的，它们会期待你有，或者说有了最好，但是很少会把这个要求明确地写在考核标准中。别的领域不了解，至少在美国的新闻传播领域是这样的。还有就是教学，在国外也是相对比较软性的一种要求，有一些体现就行；国内是有明确的要求，比如讲课比赛或者学生参赛获奖，很难达到，因为很多事情和你的付出可能关系不大，而是取决于竞争者或者资源分配方式，这个对我来说很难。

研究者：那你今年评职称时的感觉怎么样？

受访者24：其实这个又回到了我们刚才说的编制，我觉得今年整轮评审走下来后最大的感觉还是名额的问题。我记得在海外，也问过老师职称评审的事情，我不清楚是不是因为私立学校没有名额的说法，条件够了就能评上。但回国后好像大家说的第一个事情就是今年我们有几个名额，名额多，报名的人少，你就很幸运；名额少，报名的人多，那就去卷或者看关系。因为大家都达到标准了，可以无止境地卷下去，比如评副教授的标准甚至卷成了评教授的标准。所以我感觉问题是在名额上，但是名额有多少、根据什么标准，我相信背后有一个机制，但是我不清楚。

研究者：我访谈过的海归老师中也有人提到人性化的管理很重要，也有人提到一些不太好的经历。你怎么看这个问题？

受访者24：我觉得这个可能不是教育系统里面的问题，而是现代管理逻辑下用人的一个最基本的特征：去人性化。要想有效管理，就得去人性化，就得把管理对象当成工具来要求，不可能考虑个人的发展，那不是现代管理的逻辑。现代管理的逻辑是标准化，是工具性的逻辑、工具伦理，所以我觉得不一定是学校的问题，是这种逻辑在学校里面的一个体现。

访谈 27 摘录

研究者：当时为什么选择老师这个行业呢？

受访者27：我其实是受家里影响，因为我父母也是老师，我觉得既然我都读到博士、做了博士后，还是想当老师的，感觉大家都有路径依赖。我不知道高校这个地方能有啥回报，饿不死你，也没有多少钱，事情又特别多。很多博士毕业后，除了当老师，也不会做别的。你让我去企业，我要是企业 HR，可能都不会要自己，你没有能满足企业需求的技能。所以现在虽然觉得高校性价比低，但是也别无选择，无可奈何，只能继续往前走。

研究者：所以你坚持下来的原因是？

受访者27：我觉得大部分人，可能只是把学术研究当成一个吃饭的工具。对于我自己来说，我觉得我对学术还是有一些兴趣的，倒也没有完全深恶痛绝。我觉得工作方式上比较灵活一些，能自己选择什么时间什么地点去做。可能因为干这一行的，大家都已经习惯了这样的方式了，突然要去朝九晚五，我觉得可能一时半会也很难适应。

研究者：你前几年回国入职高校也经历了非升即走的政策吗？

受访者27：是的。当时别的学校的非升即走，有一个非常明确的考核标准，比如说几篇C刊、几个省部级以上项目，都列得很清楚。我们学校没有列出来考核目标，评副高时提交成果和材料，然后学院和学校来判断你能不能评上。

研究者：这个还挺少见的，所以到底是好事还是坏事？

受访者27：在海外不少见，学校不会列出一个具体的标准，只有一个模糊的标准，这个标准是可以灵活变化的。只要你在这个标准左右，就是可以商讨的。大家一般根据往年评上的人来推测这个标准。是好是坏，这个很难说，我感觉有很多影响因素。例如，如果人情的因素占比大，那公开透明的考核是最好的，例如高考就按照分数录取，很公平。如果从对老师的要求看，一些老师的方向比较冷门，或者发的期刊影响因子不高，肯定希望不要一刀切，制定一个主流的标准。还有就是看你的前辈或者竞争者，如果大家都比较躺平，压力就不大。如果大家都很拼命，每年的标准都水涨船高，就受不了了。

研究者：那你觉得和国外最大的差别或者你受影响最深的地方是什么？

受访者 27：奖惩机制吧。在海外，做研究是自己的事情，想做什么，做成什么样子，能不能通过考核，都看自己。如果你做得特别好，比如发了很多文章，学院也很少会介入，不是说完全没有，有的学院可能在邮件组里祝贺或者宣传一下，但是很少。同样，你发表的文章不多，也没有人关心。但是我们这边会通过奖励或者惩罚措施来鼓励你多拉快跑。所以我感觉回国后总是在填表申报各种奖励或者人才计划，让人觉得有个组织奖励在牵引着自己，很多成果外在的驱动力在发挥作用。虽然做研究考验的是内驱力，但老话说"重奖之下必有勇夫"，只要钱够多，肯定有人愿意做。现在，即使钱不是很多，也有很多人想要去做。这里可能就有个问题，奖惩制度会让大家的收入差距拉大，其实会造成很不好的同事关系甚至是过度竞争。有"人才"帽子的，可能一年拿一百多万，普通的老师就十几万，差别是非常大的。在这种情况下，会激发很多人的斗志，非常努力地发表论文，但我想可能最终能真正实现年入百万的也就金字塔尖的那些人。就和演员一样，能出名的是很少一部分人，大部分人努力了，但没有得到相匹配的回报。但只要有奖惩机制在，就会有源源不断的人进入这个机制中。

访谈 28 摘录

研究者：回国这几年，你现在是什么状态呢？

受访者 28：目前感觉还蛮矛盾的，一方面我觉得考核要求蛮高的，因为论文发表的数量还算是一个比较大的数字，另一方面其实我自己对于工作这件事情抱有一个流动性的态度，父辈他/她们是在一个单位干一辈子，但是我经常说一句话，"又不是要在这里一辈子干到死"，所以我觉得在流动性比较大的前提之下的话，如果真的满足不了学校的考核，就主动走掉。说白了，从这样一个平台往其他地方走的话，肯定会有地方接收，大不了做一些牺牲，去排名靠后的学校。其实我也一直在思考该过怎样的生活，因为如果在一个层次比较高的学校的话，可能会非常累，考核会非常严格，没有太多自己的时间，时间会被很多杂事占用。所以我有点矛盾。当你问到压力大不大的时候，我突然想说好像没有那么大，不会日常觉得事情总是悬在那里。

研究者：在这种状态下，对学校或者学院会有一种什么感觉呢？归属感强吗？

受访者 28：好像归属感很弱。原因很多，比如物理空间，之前我在老家的时候，无论是父母工作的学校，还是医院、食堂，都离得非常近，走路可能几分钟就能到。所以那个时候大家的归属感都很强，整个单位的人住在一起，楼上楼下都认识，甚至一家做饭，其他家都会过来送一些东西，或者请大家过来尝一下，人与人之间的连接会更强，这种凝聚力让大家觉得自己是这个单位的人。但现在就完全没有，老师住得非常分散，甚至没有专门的办公室，很难接触到其他老师。因为没有接触的机会，连天都不能聊，所以很难对这个地方产生认同感或者归属感。还有，刚才也提到过去大家都穷得很平均，因为好像以前不太用市场化的激励措施，但是现在单位用论文、项目等各种方式考核，这一套东西其实让大家感受到了一种非常竞争化的状态。有的人就说，因为没有日常生活层面的交流，只有竞争性的考核，同事之间都是潜在的竞争对手，生活中有点防着对方的那种感觉。

访谈 30 摘录

研究者：前几天做访谈的时候，有的老师提到因为物理空间的问题，大家互动很少，甚至怀念小时候那种大家都住在一起的感觉。你是怎么看的？因为我知道你们单位在学校附近有专门的家属区。

受访者 30：我不愿意住在家属区，是非多。住学校里面大家相互监控，东家长李家短的。从上电梯到遛弯，从夫妻吵架到孩子上学，大家都看在眼里。我理解你说的，但这是个双刃剑，比如说住在一起好像会更熟悉，但是住在一起又相互监控。可能从海外回来，会对隐私比较敏感，觉得要有一些自己的空间，想要把工作和生活分开。住在一起时，会把很多事情搅和在一起。

研究者：感觉你对学校中的人际关系比较敏感？我也访谈过很多海归，一些人认为学术圈的关系文化，对他/她们来说是最大的挑战。

受访者 30：关系文化哪里都有，古今中外。可能我们这些在海外读过书的，在那边的时候就是一个人，是学生，别人也不带我们玩。其实海外也有关系，只是我们不知道。还有一点，国外的人际关系可能相对比较简单，就是个人主义，管好自己就行，院长也没有那么大的权力，规章制度比较明确，所以你也没必要和大家有过于深入的互动。回到国内，不知道是我过于敏感，还是咱们确实比较重视关系文化，总之就是很微妙，事情很多。刚回来时，就有老师建议我，最好别有事没事天天往单位跑。有时候你在单位遇到熟人，随便聊几句，甚至可能只是附和别人几句话，被人看到了，就会觉得你们关系好，是在站队，甚至你附和的几句话会被传出去，变成了你想要怎么样。

研究者： 有这么复杂吗？

受访者30： 我只是说个人的感受，每个人的感受不一样吧。我们有个同事，上网把每个同事的论文都看了一遍，当时我就有种说不上来的感觉，因为你不知道他想做什么。正常情况下，看论文，就是为了自己写论文找素材。我很少看别人，除非对这个人感兴趣，比较喜欢他/她做的研究，这种情况不多，而且不会全看一遍。还有一个事情，就是我的一个同事说昨天看到我在微信上给某个视频点了赞，我也是惊出一身冷汗。不是说那个视频有什么问题，而是说这种行为令人不适，你在线上线下的活动，如果都是别人能窥探的，那其实挺可怕的。还是得有一些隐私空间，不然老感觉活在别人的眼皮子底下，总有一双眼睛盯着你。高校这种单位，不出意外，大家是要在一起待一辈子的，这个也挺吓人，你们要相处一辈子，有的时候可能比与家人相处的时间都要长。所以这种社交关系很难拿捏，因为毕竟不是亲人不是家人，又经常有利益冲突，有时候大家还要面临一些被人为制造出来的冲突。

研究者： 什么叫作被制造出来的冲突？

受访者30：就是设计出一套评比体系，让大家不断地比过来比过去。每次一遇到评选，心情就被搅乱了，都是普通人，你不能责怪说大家心态不好，见不得别人好。这话可能要从两方面说。一方面是制度设计应注意怎么把好的人性激发出来，把坏的人性遏制住，大家都不是圣人，不能用那么高的道德标准要求。应该把老师看作有七情六欲的普通人，然后设计一个更好的方案。比如我在国外读书时，有一次他/她们就说，招聘的时候要尽量岔开大家的年龄，就是不要把一堆年龄差不多的人挤在一起招聘进来，因为这样他/她们之间必然会形成竞争。我觉得这个方案挺好的，我们可以学习借鉴。另一方面就是看这个体系是不是公平的，如果说相对公平公正，可能大家也心服口服，但现在大部分还是个别几个人说了算，我们也不知道结果是怎么弄出来的。有时会走一个形式，让大家投票，但是这个投票结果到底有什么作用？完全按照投票结果，还是参考这个结果？那投票结果占比多少？再往深处说，这个投票到底反映的是什么？这又要说回学术制度设计，大概率投票结果反映的是人际关系，是人缘，可能和你的学术水平也不完全对应。

访谈 33 摘录

研究者：你回国后遇到的最大的挑战是什么？

受访者33：做班主任！最近很崩溃，因为我们把这个任务和职称评审绑定在一起，属于公共服务。我不知道你们那边是老师做班主任，还是辅导员做，感觉这个事情对我的挑战很大，基本上就是一个24小时的保姆。学生上不了校园网都来问我，说老师我的电脑连不上校园网怎么办。还有就是学生生病请假，要求病假条上要有班主任的签字，审核是否有校医院的病历，工作需要留痕，需要手签，这意味着如果出了问题，我是第一责任人。类似的事情很多，其实我压力真的很大。我现在也在反思这个事情，是不是自己太较真了，能不能稍微应付下，但是我这个人的性格是这样的，就是你交代了事情，我就会认真做好，做不好，就像你刚才说的，自己睡不着，过不了自己这关。

研究者：这个工作是不是做一次就够了？

受访者33：嗯，我们是刚进来的新老师必须得做一次，而且是做本科生的班主任。不是说不能做，就是你觉得，读了这么多年的书，有一个专长，学校把我招过来时看重的也是我的专业能力，肯定不是因为我能做班主任才把我招过来。其实最大限度发挥我的专业能力就行，大家是双赢。现在可能想法也在慢慢发生改变，但还是觉得学校对我们的期待是六边形战士，类似过去咱们说的三好学生，什么方面都得行。

研究者：这是一个普遍现象，工作中很多人都得做一些自己不是很想做的事情，甚至是和你的本职工作关系不是很大的事情。

受访者33：吐槽了也得做。像你说的那样，大家都得做。本土训练出来的老师可能更加习惯，毕竟大家在这个环境中成长起来，觉得习惯了，也很正常。对于我来说，作为海归老师的挑战，可能就在于这种不习惯。你已经在一个环境中很久，但忽然到另一个环境中，和过去不一样，就会有这种心理。所以我们刚才聊的也是一个融入的问题，早晚都得融入。不融入，自己别扭，别人也别扭。

研究者：在别的方面有什么觉得我们超过或者优于海外的吗？

受访者 33：可能是我们的学生比国外学生更加努力、勤奋。也不是说国外学生不努力，一个班里也会有一些。但从总体上看，我们的学生普遍是非常勤奋的。大家愿意在学习上花更多的时间和精力，和你讨论问题、做作业，这个对老师来说是很正面的鼓励和反馈。其实我们的老师也比国外勤奋，我的导师，你给她写邮件，如果她出去度假，会设定一个自动回复，说她这段时间不工作。平时的话，周末、假期也尽量不要给她发邮件，她只在工作日回复。回国后，感觉同行普遍很努力，我上周日去学院，看到好几个同事都在加班。有时候晚上上完课回到办公室取东西，发现也有很多人在工作，大家都很拼。

研究者：学术方面呢？

受访者 33：明显感觉和国外的差距越来越小。我在出国之前，感觉中文论文和英文论文间的差别还挺大的，现在我们一些中文论文不比英文的差，甚至更好一些。这个表现在很多方面，比如我们的研究主题更多元化，很多是全球很前沿的讨论，还有就是方法训练更加扎实。我上本科时还没有什么方法课程，现在本科生都要学习，定性定量都有。然后就是语言，我们学院的博士生基本一大半都参加过国际学术会议，还有一些比较优秀的在毕业之前就发表过英文论文，这在我们那个年代是无法想象的。这么大的变化，其实只用十多年就完成了。

摘录三 海归学者的学术实践与新闻传播学术话语体系建设

访谈 1 摘录

研究者：你觉得中英文论文有何不同，以及自己对本土写作和英文写作的分配是怎么样？

受访者 1：国内的研究比较偏应用，不太强调和理论的联系，或者说以实用为导向，很多以具体社会现象或者政策为分析对象，有的甚至完全是就这个政策来谈这个政策。这个很明显。我中文的文章在方法和方式上（和英文）没有任何区别，但是在最后的讨论部分，中文的文章我不会写和过去的理论、发现之间存在什么样的关系，只会说对于实践、政策或者现实问题有什么启发。

研究者：从个人角度来看，你觉得哪些因素会影响你或者大家的中英文发表选择？

受访者 1：从学者个人角度来看，主要是训练。因为中美间还是存在不同，中国有点类似英国，课比较少，大部分时间学生要自己写论文。国外学术界对于论证的过程比较看重。如果你的训练不是按照其标准开展的话，想要在国外期刊上发表你的文章，可能相对更难一些。

研究者：有的人说这是西方的话语或知识体系。

受访者 1：（话语）这个词，可能是比喻，但是这个词可能有些政治化。我觉得，是说别人用这种方式写文章，我们用另一种方式写文章，所以别人接受你的文章时会感到困难。过去是这样的，但是以后未必是这样，因为彼此交流很多，过十年、二十年，可能会改变。

研究者：海归越来越多，这些问题都有可能改变。

受访者1：是的。但是在其他学科看来好像都不是问题，管理学、商学、社会学、政治学等，它们的方法和理论和国外没有太大的区别。实际上，新闻传播圈子和其他圈子，可能未来也是那样的。

研究者：为什么别的社会科学学科的国际化程度会高很多？

受访者1：我还真不知道。但是如果看它们的老师，不仅有海归老师，也有本土博士背景的老师。他/她们写论文的方式、做研究的方式，比如社会学学者，中美的基本框架间可能没有太大区别，因为我也看社会学的文章，方法上没有太大的区别。这得问问相关学科的人。

研究者：回到写作上，用中文或英文发表，这是学校环境或者组织的倾向，还是你个人的选择？

受访者1：我个人的选择。在我们这里英文和中文文章一样。（英文）别的学校会额外给钱，我们没有任何激励。有的人说写英文难，但是中文期刊投起来也不容易。很多期刊，虽然投出去了，但不知道稿子是行还是不行。英文的话，即使时间长，但是我知道它处于一个什么样的阶段，最后能有个反馈意见。投英文期刊反而简单一些。

研究者：你研究中有没有一些中国本土化的发现，比如西方理论中没有考虑到的，但是在中国的文化情境中应该增加进去的变量。

受访者 1：本土化这个问题，也听别人说过，但是我研究得不深，所以我还真谈不出来太多东西。任何社会现象，都有本土的元素或者文化在里面。我目前还没研究到，可能没朝着这个方向想过。但是我们上学的时候，美国的老师也在吐槽传播学没有什么本学科的理论，所以本土的传播学理论可能还有很长的路要走。

访谈 2 摘录

研究者：你觉得个人层面，除了学术训练和英文写作习惯，选择归国后的就业单位时有没有其他个人层面的因素需要考量呢？比如未来的职业规划或者个人成就感？

受访者 2：这个方面，可能多多少少会有，但是不强烈。非一线城市的老师有个很明显的特征，就是海归少。海归学者一般不会来中西部城市，除了家是这边。我因为家是这边的，所以就回来了。学校水平当然是很重要的原因，但更重要的原因是能和父母在一起。所以我也没想过跳槽，所以很专注于达成我们学院职称的条件。因为我们学院并没有特别鼓励 SSCI 的发表，所以我个人很纠结该怎么平衡中文和英文的发表。

研究者：确实是，北上广地区人才的流动性更强。您发表的作品都是独著吗？人际网络是否会影响你的写作？

受访者 2：这个多多少少会有的。正式进入你的研究领域后，你会发现自己的圈子里只有那么几个人，在开会等各种场合总会来来回回地看到，博士期间可能还不明显，工作后很明显，投稿的话，完全不受这种人际因素影响也不现实，肯定会有。相对来说，我觉得国外期刊中人际因素的影响会远远小于国内期刊。像你们在北京，选择比我们应该多很多。××期刊对我们来说也是不可能，因为我们学校没有自己的期刊，挤不进去。××期刊是××大学的，我感觉总是那么一群人在发。我很想发，但是不知道怎么发。我现在就是单枪匹马，我们也没有特别强的学术团队。

研究者：我觉得你这种类型的研究，对各方面要求会很高，语言、理论、思辨，比量化还难。

受访者2：因为我在国外待了很久，也是惯性使然。有一个很重要的原因，就是我下了很深的功夫找了一个研究空白。我觉得为了发表论文转方向很可惜。还有一个原因，是在英文上有话可以说，有热情可以激发。我觉得海归有个特点，就是多少都有批判精神。他/她们（海归学者）觉得挺好，别人看来就觉得挺奇怪。这个经历（海外求学）会影响我们看事物的眼光。

研究者：我昨天采访的一个老师反对本土化这个概念。

受访者2：我觉得做量化和质化的真的是两拨人，因为量化的视角和切入点和质化完全是两个世界。所以我觉得做量化很大程度上是在检验已有的西方理论，视角比较微观，肯定也有自身的优点。有人说，理论没有国界，解释性应该尽可能强。理论当然是没有国界的，这个我认可，但是后面的话我不认可，因为每个理论都是扎根当地大的社会文化背景的，西方理论也植根它们的价值观体系，我们之所以本土化，不是为了抗衡西方，而是我们需要植根于不同文化的不同的能够对话的理论，在对话的过程，如果能够超越地区限制，形成国际化的理论，那是最好的。但这是一个很遥远的目标。

访谈 3 摘录

研究者：本土学者在国际发表上会受到哪些因素的影响？

受访者 3：有几个方面，一方面是研究方法规范性问题，大部分本土学者如果没有接受研究方法系统训练，在研究方法上会与国际期刊的要求有一定差距，量化先不说，很多质化研究与国外也有很大差距，所以在国外评审看来会觉得作者缺乏严谨的方法训练，结论支撑比较薄弱。我觉得这是个比较大的问题。另一方面是，整个理论体系也有很大差距，这方面比以前要好很多，很多人可以自如地引用国际上比较主流的理论来解释中国的问题，但是这个因人而异，有些人在与国际理论对话上积淀不够，也会让评审觉得有问题，不知道理论贡献在哪儿，许多国内研究停留在对中国现状的描述上，在理论上有些薄弱。语言方面的话，我觉得还在其次，许多学者说起写英文论文，好像语言是个大问题，如果文献梳理、数据支撑方面好的话，语言方面差一点问题不大，学术语言也不要求特别完美，简单、精练表述出来就好。

研究者：有人说，西方以学术理论贡献作为判断标准，但我们更多是问题导向，求得给一个解决方案，没有上升到理论贡献，你会看到很多人说中国有更大的问题需要解决，我们没有必要做一些鸡毛蒜皮的事情。但是凡是做到理论化、可操作化，只能针对一些很小的问题，我们的学者更偏向于研究一些宏大的问题，这两个方面是有一些区别的。

受访者 3：是的。国内的学者有这方面的优势，不管是老师还是博士生，最大的优势是思维活跃，有非常多的 idea（主意）。但问题是很多人不能通过严谨的设计、扎实的研究方法、有力的数据支撑验证这些好的思想。我觉得应把这个问题上升到科学知识方面的欠缺。国外社会科学范式占主流，这样，一些文章相对难发。国外很多研究会让我们觉得太微观，或者说"so what?"（那又怎样？）我觉得倒是可以把这两个方面结合一下，把中国学者的思维火花和微观的社会科学范式相结合是比较好的。

研究者：换一个维度，问一下你。关于灵感，从中国本土化理论视角来看，该如何落到实处？因为国外的理论用的是国外的数据，其实跟中国没有太大关系。中国的知识生产总是希望不管素材也好，数据也好，要有一些中国元素，并把它们带给世界，这时提理论的话，可能会困难一些。以中国作为脚本，从中国脚本中提出一些普适性的理论，给世界知识生产做一些贡献，您觉得这方面的可行性和对整个世界知识的贡献有多大呢？

受访者 3：我们后面所有的研究都以中国的数据为研究对象，不管是调查还是内容分析，所以我觉得这个是完全没问题的。至少从社会科学范式来说，研究目的还是产生具有一定普适性的理论。从中国实际出发，用中国数据对理论假设做验证，如果能够被验证，则是为普适性理论添砖加瓦，我觉得肯定是具备这样的可能性的。

研究者：也就是说，中国的数据只是分析对象，你最终的目标是一个普适性的理论。

受访者3：对。只要你的数据，也就是我们通常讲的代表性样本，能够相当程度上代表中国的情况，问题就不大。只要是代表性样本，得出的结论就能为你的这个理论提供支撑。但是要想通过一个研究建构一个新的理论，是不可能的，我们需要很多单个研究，慢慢地形成有解释力的理论。单篇研究，只要样本是有代表性的，即便中国和美国间有各种各样的不同，对国外期刊的编辑或评审来讲，也是没有任何问题的。

研究者：我们目前还没有比较有全球影响力的研究。

受访者3：这个还是因为我们论文的引用率较低，没有关注主流理论，太关注中国的问题。你看中国学者发的引用率高的文章，多是关注主流理论的。如果只强调中国特定的问题，在全球被引用的程度不会太高。

研究者：你自己在写英文论文的时候有什么经验呢？

受访者3：只要把门道摸清楚了，就没有想象中那么难，在某种程度上比我们在中文期刊上发一篇文章还要容易。对于SSCI，你的研究问题有意义，研究设计合适，再加上数据没有硬伤，整体结构清晰，行文相对流畅，基本上最后总是能够发表的，可能中间来来回回要修改，或者这本期刊拒了，改一下投到另外一本期刊，只要满足了我刚才讲的条件，坚持不懈地改下去，以我个人的经验，都是可以发出来的。而且SSCI有90多本期刊，比国内C刊多得多，编辑总体来说比较公平，你只要在某些方面有些贡献，都是会受到认可的，不像国内会有很多复杂的影响因素。总的来讲发SSCI不见得比发中文期刊难多少，你只要符合它的套路，即使研究成果没有太大作用，影响因子比较靠后的期刊也会需要这样的稿源。其实没有想象中那么难。掌握套路后，发起来还是比较容易的。但这样一来，可能导致的问题是，我们会为了发文章而发文章。文章是没有意义的，整体上比较规范，实在挑不出什么毛病，但乏善可陈，也是可以发出来的。即使前50%的期刊发的很多文章，我们读起来觉得琐碎，比较微观，但整体贡献要高。国内的期刊在往好的方向发展，威信慢慢发展起来，在国内影响力越来越大，慢慢可以和国际接轨。

研究者：怎么看待知识的普适性与本土性之间的关系？

受访者3：任何普适性都是相对的。即使美国研究出的理论，也不可能完全普适。放之四海而皆准是不可能的。它无非是一个概率问题，用比较多的实证研究验证了假设，既然被验证了，今后出现类似的相关关系的概率就是比较大的，但并不是百分之百放之四海而皆准。不管是美国的学者，还是中国的学者，我们的目标都是把概率提高，能够发展出一套理论，很大程度上能解释人类行为、预测未来的现象就够了。这至少是社会科学范式的目标。当然人文学科的目标是从本土经验看本土特殊性。二者是不矛盾的，是相得益彰的，人文和社科这两个范式结合起来才能够让我们形成更加全面、更加准确、更加客观的对人类行为和人类社会的理解。不同研究类型的标准不同，但是不存在谁比谁好，目的都是帮助理解人类行为和人类社会。

访谈 4 摘录

研究者：作为海外学者，你如何看待我国和西方在新闻传播知识生产上的差别？

受访者 4：美国的研究多数都是实证研究，所以研究问题不可避免地会小很多，相对没那么有意思，没那么宏大。但是国内学者特别喜欢宏大主题，比如某个产业怎么发展。我觉得这其实是一个很大的差别，不能说谁好谁坏，也不能说国内的想法没那么好，国内也有问题需要解决。但是我觉得这种宏观的研究范式或者角度，还是会和国际有差距。可能有些老师是从文学或者新闻学转专业过来的，没有社会科学的训练背景。美国主流学术界还是遵循社会科学的套路。

研究者：你觉得除了话语和学术训练，还有什么原因会导致这种知识的差别？

受访者 4：可能还有一些历史文化传统，例如我们的定位是帮助国家出谋划策。还有一些是经费和钱的问题，因为做研究需要钱，需要通过申请项目来得到这些钱。我们的项目是国家通过项目招募的方式发出来的，这些项目的设定和研究问题是要站在国家的立场上帮助政府和社会解决问题，希望研究者提供一个解决方案。这些问题和作为一个研究者想做的方向可能会有一些不同。

研究者：会对你的学术实践有影响吗？

受访者 4：肯定会的，因为毕竟要工作。现在都是非升即走，即使稳定下来，后期也需要晋升。这个时候需要按照考核标准走，不是说你自己随心所欲想做什么就做什么。考核中会有数量方面的考核，也有质量和主题的考核。所以你的节奏、选题和投刊，都会被牵着走。特别是研究项目，现在是必须得有，过去是省部级项目，现在是国家级项目，所以必须根据发布的选题指南中做选择。

研究者：怎么看待本土知识和西方之间的对话？

受访者4：国际论文发表中重视理论贡献，这其中的挑战是，大部分理论都是西方提出的，要找到合适的，能与我国的热点话题对接起来的理论，不那么简单。有的时候，对于国内很热的问题，我们找不到对应的理论；有的时候，对于国外很流行的理论，国内没有对应的问题。因此，需要对两边都很熟悉，这对我们是很大的挑战，也是我们要走的方向，要靠一批学者慢慢建立。既熟悉西方话语体系，也熟悉国内热点话题，这方面的人多了，就能把这种话语、表达方式慢慢推动起来。这需要学术共同体的建设。中国的经验总结……我觉得可以提供基础，两种传统都存在了很长时间，西方传播学很关注逻辑、证据和推理的过程，国内即使是量化研究，在这方面还没有体现得很明显。国内的经验总结，我们也跳不过去，也是需要的。但是不能停留在这个层面，要与学科现有的理论概念进行对接。如果不对接，就是孤立的，生命力是不强的。

访谈5摘录

研究者：我看到你中英文论文都有在发表，为什么这么多年一直坚持写英文论文呢？

受访者5：可能跟我博士阶段接受的教育有关，我是在海外读的博士，那边的氛围就是追求国际期刊上的发表，所以这对我的影响是非常非常大的，虽然国内这种氛围现在还不是特别浓厚，但是我骨子里还是期望有国际发表，毕竟国际期刊，无论审稿的公正还是对稿件的要求，都比国内期刊严格很多，所以对我来说，能被接受的话，是莫大的鼓舞。

研究者：你谈到了鼓舞，刚才也说国内学术发表氛围不是特别浓厚，那你觉得自己的荣誉感会很强吗？如果同行都不是很追求这个的话。

受访者5：其实也不是要让别人知道，更多是一种自我实现，不一定发了一篇就得让全世界都知道，我发了，觉得自己被认可了，自己做的这个研究还是很有价值的，自己的学术能力还是被认可的，这个是最重要的。

研究者：写一篇英文论文花费的时间更多，要求更高，是不是也有一些考核的因素在促使您投入更大的精力呢？

受访者5：我觉得这不是一个特别特别重要的原因，因为从考核的角度来说，至少我所在的××大学的考评制度是不太合理的，比如，它会把国内××期刊等同于SSCI的Q1、Q2区，SSCI的Q3、Q4区，跟其他普通的中文期刊是一个考评层次，我个人觉得是特别不合理的。传播学的Q3、Q4区有很多重要的英文期刊。如果我只追求考核的话，就有点得不偿失，付出的很多，但得到的可能会比较少。所以考核可能会是一个原因，但没那么重要。因为考核制度不是太合理，如果因考核去发SSCI，成本远大于收获。

研究者：做采访时都有这样一个问题，量化研究都会具体到一个变量关系级，很多期刊会问so what，你怎么看待这个问题呢？

受访者 5：这个 so what 问题问得很好，量化研究很难突破 so what。我们做定量研究，相对来说受过很好的训练，对变量的操作化，获得数据、分析数据，都不是什么大问题，难的是对意义的阐释和理论的升华，这个本身确实是一个问题，是很多量化研究的短板，没办法。我自己回答得也不是太好，我觉得做量化研究的人过于追求方法的精细，所以有的时候会忽略对理论的积淀，理论里有很多背景、历史的东西，我不觉得自己能很好地回答这个问题，还要努力。

研究者：有的时候我们感觉国内外学术界的关注点是不一样的。

受访者 5：其实这种现象，我也有感觉到。我觉得有两个原因，一是国际学术界对国内热点不了解，那些 reviewer（评审人）感觉不到中国议题有多重要，尤其是你没有结合到一个特别好的点。而国内学者身处中国，觉得国内热点特别值得研究。二是没有足够的英文能力把想说的转化成英文，这也是很大的制约因素。其实我自己也碰到过类似的情况，我当时有个特别好的想法，做的人真的很少，我就在纠结到底用英文还是中文写，最后还是决定用中文写，用母语写更畅快，读者理解起来也更容易。我其实也觉得以中国为对象的研究在国际上发表是比较困难的。

研究者：你如何看待我们现在的知识生产以及未来？

受访者 5：我国学者的国际影响力目前还比较有限。这个问题短期内很难解决。中国可能有一些特定的议题海外的受众会喜欢，但不是所有议题。但总体上我还是挺乐观的。因为现在越来越多的海外华人学者会参与国际发表，我觉得这个是没问题的。

访谈 6 摘录

研究者：你是怎么看待国际发表这一问题的？如何评价本土学者的国际发表？

受访者 6：像××大学这样的大学有这方面要求，光在国内发表，没有在国际上展示，是不行的。所以说在学校层面、国家层面有这样一种推动，其实很明显。另外，不论做什么题目，都很难说传播学是一门学问而中国传播学是另外一门学问，二者肯定是需要交流的。不能完全按照国际的标准走，需要一定的交流。国际学术界也不是铁板一块，各个国家都有自己感兴趣的题目或传统，所以总要有一个互相交流的过程，这样从整个学科发展的角度上来说，也有一个推动作用。要不然，就等于你完全在做自己的事情，不去和外面交流，吸收的东西比较局限等，对整个学科的发展也不是一个好的事情。

研究者：你刚才说到组织层面的推动，但××大学毕竟是个案，可能各个大学的情况都不一样。我知道有些学校前几年在推，现在又不推了，你觉得学校层面的导向是一个很主要的因素吗？

受访者 6：我刚才说了两个方面的原因，但这个是最重要的因素，因为它是最直接的，关系到衡量一个老师的成果到底好不好。学校会把这个事情放在一个重要的位置去看，其实推不推我不是很了解，有的学校以前很重视，后来就不太重视了，这个情况我不太清楚，因为我觉得学校层面的推动力度还是应该大些，而学院层面或者具体到学科的话，感觉就会有阻碍的力量。我无所谓，反正能发一些文章就可以了。所以还是觉得最重要的推动力会集中在学校层面，看学校有多大决心去推动这件事，学院、学科层面动力没这么大，因为毕竟涉及成果如何认定，会摧毁一些原来就已经形成的权威，所以从学院或学科层面推动作用是不大的。如果学校想往这方面走，动力就会大一些。学校抓得不紧，就会慢下来。我知道××学校前几年招聘时，学校规定，招一个本国毕业的，就得招一个外国毕业的。是有这个要求的。慢慢地，实行了一阵子，学校不那么抓了，大家就不这么做了。所以主要是看学校方面的政策，看学校有多大力度去推动这个事情，这就是最直接的一个原因。像和国际学术接轨、信息沟通，是比较虚的层次。

研究者：我想问一个稍微虚一点的问题。我们的论文会探讨本土问题和全球贡献，以中国作为研究对象。发在国外期刊上，一方面看国外的引用率；另一方面，看中国学者重不重视，能不能推动国内的发展。发出去到底对于国内国外有什么影响？

受访者6：我觉得有一些研究题目，它比较具有普遍性，不是被限定在一个国家里面。当然，数据可能是从一个国家收集来的，但是研究思考的问题是一个普遍性的问题，在任何一个国家里都可能有这样的问题，所以这种情况下不存在谁更受重视的问题。

然后，还有一种情况，就是提出了一个特别中国化的问题，这个问题在其他国家没那么常见，只有中国或中国周边的国家会有一点共鸣，对于国际期刊的读者来说，确实感兴趣的程度比较低，但期刊的态度不是这样的，国际化很高的期刊也会比较喜欢这种研究，只要真正做好了一个关于中国的研究，做得比较完善，它是会接受的。特别中国化的东西，很多是质性研究，是比较关注周围环境的。国际期刊也不会拒绝，某个学者写中国，某个学者写印度，有些期刊不在意这些，只要写的东西质量好，它就会发。那么中国学者在国内能做哪些贡献呢？我觉得国内学者如果不看英文期刊的话，也接触不到，那就谈不上什么贡献了。所以有时候我们也会尽量发英文期刊，发了一个和中国相关的题目，国内就会考虑把一系列的文章集成一个合集，然后出一本书，这也是一种方法。我本人也在尝试做这个事，把一些英文的能代表中国独特性的研究翻译成中文，编成专著或论文集，出版出来。

研究者： 对，每个人都有自己的位置。如果我们都盯着那些比较顶级的期刊，你觉得它们会重视从一个个案推到一个比较抽象的问题，以一些中国的数据、案例作为分析的单元吗？

受访者6： 这是一个影响因子有多高的问题，和整个办刊的方向、眼界有重大关系。所以，我们会看到一些感觉不错的期刊很美国化，绝大多数文章都使用美国的数据。给它投稿中国问题，它兴趣就不大。但还有一类期刊，办刊方针、视野比较兼容并蓄。顶尖的影响因子高的期刊不好发表，因为中国的东西必须在中国的环境里去评价，不能拿到美国的环境里去评价，没法评价。但还是那句话，你总能找到自己的位置。你看，很显然的一个现象是，华人学者如果能发那些顶尖的期刊，基本上都是做量化的，比如从心理学角度去做，研究题目都是普适性的。相反，许多海外的华人学者确实不想做普适性题目的时候，所发表的期刊的影响因子确实没有那么高。但从评价上来说，不是说影响因子高的就一定好。其实不用太关注主流不主流，比如欧洲人就不怎么发美国的期刊。

研究者：那我们该如何判断研究的质量？

受访者6：无论做什么样的研究，都有质量好坏的问题。题目可以不具有普适性，文章发在各个小圈子里都可以，但研究质量是有一个绝对的好坏问题。绝对的好坏是什么？就是你刚才讲的重复性的东西，特别具体的东西是不好的，好的是能够抽象出来的，能从理论层面解决一些问题，而不是盯着一个具体的 case（实例）。我认为这个是有绝对的差别的。能不能理解你所研究的对理论有贡献的东西，这是一个非常大的问题。我觉得这种事务性的研究，比如以解决实际问题为导向的，严格来说学术价值非常低。也许能帮助一个机构解决问题，但不能放在学术期刊里用学术标准去衡量。这是我非常坚持的一个点。如果有人问你，怎么用西方的理论解释这个东西，首先把这些理论说成是西方的理论，是有偏差的，因为只能说这些理论是西方人创造出来的，但不等于这些理论只能运用在西方社会，很多理论是普适的。但是你可以说在中国社会中，某一个理论在文化上是有独特性的，这是我们要讨论的。如果简单地把一个理论说成是西方的，在中国没有解释价值，那么就要具体来看。如果这个理论能解释中国现象，那就没有问题；如果这个理论确实太西方化，解释不了中国问题，那就是解决不了问题。

研究者：我的态度也是这样，如果这些理论能解释你的研究问题就可以，没法解释，相差太多，就不可以。我们试图用本土概念去解决问题，但是如果本土没有相关概念或者已有概念解释性弱，怎么办？

受访者6：我觉得这个背后是一种学术自主性和学术自信。现在大家总在讨论中国传播学怎么走，如何抵抗西方霸权。但是全球化的今天，很难界定什么是纯粹本土的。一个中国人，去英国读书，然后去美国任教，用了印度的数据，结合了中国的文献，发表了一篇西班牙语的文章，该怎么界定这篇文章是本土的还是全球的？其实我觉得在逻辑上和学术上是可以讨论的，而且这个问题不复杂，可以比较轻易地在学理层面说清楚，例如本土化到底是用中文还是英文写作，研究的是否是本土议题，用的是否是本土的概念，等等。

研究者：这里也涉及知识生产方式，例如量化和质化的争议。

受访者6：一些学者可能觉得国外期刊来来回回讨论的就是几个变量之间的关系，不能解决中国问题，应该以问题为导向，中国的研究应该更有启发性，或者更有趣。这个和学术背景有关系，当然严谨的量化做出来是这样的，量化解决不了细节问题，复杂的问题用量化的方法是无法解释的，它只能描述一个大致趋势，这是方法上决定的，量化的方法只能解释到这儿了，它不会考虑那么细、那么复杂的东西，所以好多时候，质化的方法更符合具体的社会情况。我也经常会遇到这种人，就算我去国际期刊投稿时也会遇到这种事，如果这么说的话只能说他/她缺乏量化训练，没有从量化的视角去看量化的结果。量化有它自己的力量，在大量数据上研究规律性的东西。原来我们的量化研究是比较少的，可能看到很多人有这种想法。不同的学科背景，会说出不同的话，量化的研究不能让质化的人来评，质化的东西不能让量化的人来评。

研究者：怎么看待我们研究的影响力的问题？

受访者6：如果太具体化了，太中国化了，就只有国际上关注中国的一小堆人关注。说到底，这还是一个本土化问题，研究印度，可能就只有关注印度的人才会看，这也是自然的。国际上也是有这种霸权的，你不研究普适性的东西，被关注的程度就低。用国际的话语、流行的方法写文章的话，会更容易被国际上更多的人、本国以外的人关注到。但关键是，文章还是有质量好坏的。所以某一个题目是本土的还是国际视野的不重要，重要的是怎么建立起一个体系，写出真正好的、有价值的东西，被全国人所认可。不是说我是国外回来的，我就只认SSCI，SSCI确实已经建立起完善的评价体系，这个体系相对来说比较公正，它可以对质量好的文章和质量差的文章进行有效的筛选。国内也需要建立这种体系，就算是一个不读英文文献的，只研究小领域的人，努力研究出的结果，只要质量好，也能够被认可，这是更重要的。这比讨论传播学的本土化更重要，重要的是怎么让有质量的成果被公正地认可。

研究者：怎么做到这点呢？

受访者6：这需要长期积累，还真不是努力了就能在短时间内掌握的。训练是一个长期的过程，可能牵扯到国内的教育，要求整个学科对学生进行方法训练。无论是量化的还是质化的，都需要一套严格的规范和方法。这决定了文章的价值，是有绝对标准的。本土的文章在国外不好发，国外的文章国内不认可，这些是可以讨论的，但真正严格的方法训练，对某一个方法体系的掌握，是有绝对好坏的。做质化研究，对英文的要求确实很高，这也是我的一个困惑，我也试着写过一些质化的文章，发现自己的英文不够好，不能非常清晰、精确地表达自己的想法。所以我完全转向做量化研究了。还有一点，做质化要下特别大的功夫，要比做量化付出更多，质化还需要很强的批判性思考能力，掌握各种理念之间的勾连，细微的差别。所以，其实我很佩服那些做质化做得好的人。

访谈 7 摘录

研究者：什么因素影响了你写论文，比如选题以及语言的选择。

受访者 7：探讨海外发表时有若干维度，有机构鼓励，也有个人因素。学者在海外发表论文时，要去判断海外期刊想要的东西是什么，有些时候自己会意识到有的东西写出来可能只有中国学者感兴趣，海外学者不感兴趣。有些问题对我们来说是非常大的问题，但是西方学者和期刊觉得不是问题。这肯定是非常值得讨论的，我想起来前几年，台湾地区对这方面有较多探讨。TSSCI 也是模仿 SSCI 建立的，台湾地区有本书叫作《全球化与知识生产：反思台湾的学术》，涵盖大学学术评价，包括追求海外发表带来的问题。

对我来说，如果投 SSCI，会完整地经历评审过程，无论接受与否都会收到反馈意见，以前读博时的老师说，这个过程就是一个验明错误的过程，会学到很多很多东西。国内也在做同行评审，但还是有差距。相对而言，我自己的感受是，如果写英文文章，就会花比较大的时间和精力去打磨。因此，英文期刊对学者也会有训练，包括我自己也会接受评审任务，虽然已经博士毕业，但这是训练的一个很好的延伸，是比较强的学术共同体的延伸。对于青年学者，这是第一个比较好的点。在这个基础上，我们会思考，海外发表是不是完全等同于取悦国际学术界，国际学术界是不是完全以西方的指标来衡量中国的文章。国际学术界看问题的角度也会有局限性，我觉得西方现在也有一定的开放性，SSCI也不见得由美国主导，香港地区的期刊就是当地学者主办，能彰显一定的自主性。我们刚刚讨论的问题不能推到极端，但是反过来，我这几年在学校观察到，有的海外回来的老师如果只发英文期刊，会比较吃亏，因为英文期刊的发表周期长，还要排队。中国期刊快一些。毕竟学者还是要面临生存的压力的，包括成果、晋升等。另外还有一个方面，虽然越来越多的国内学者看英文的东西，但是发中文的东西更容易被别人留意到，所以在大学里面，归根到底是要建立学术声誉，某种意义上涉及国内发表和海外发表间的平衡。如果只发英文，一方面比较困难，另一方面虽然在海外受过训练，但是英文不是母语。这几年我写中文论文越来越多，其实有各种各样的考量，有一个就是希望在大陆地区学术圈中得到同行的认可，因而慢慢也在中文论文上花比较多的精力。

研究者：从国外回来，怎么转化这种学术范式、话语？

受访者7：在外面念书的时候，整个训练路数就是西方社会科学的。现在国内可能也有所转化，当然说转化可能不太准确，现在圈内比较复杂和多元，各种情况都有，这几年又开始比较多地提智库的事情。我是觉得可能比较好的状态是有所分化，有的人会认同社会科学，国内现在也能看到这条思路；还有一个是比较实际的问题导向，这里面有个范式问题，也不纯粹是范式。在研究层面，国内缺少基本底线共识：到底什么是研究？对于一项研究，我们大体能形成一个一致的评判标准，这是一个好的东西还是一个不好的东西。国际学术界在这个问题上是没有太大争议的，共识是存在的。虽然大家有不同的路数，但是大家都会觉得学术贡献是以理论的提出作为评判标准的。在这个底线下，大家再形成比较小的学术共同体。在这个意义上，中国学者参与海外发表会有好的作用。

研究者： 你觉得海归学者之间已经形成了良好的共同体吗？

受访者7： 这是理想状态。有位学者，做社会学的，研究国内发表和海外发表，看学者们参考文献构成的引用网络，其实本土学者没有较多引用海外发表较多的人，这群海外发表较多的人构成了一个孤岛。他/她们谋求在海外发表，机构也鼓励，他/她们的发表也得到了国际声誉，但和本土学术界脱节，这种现象是存在的。我觉得是两个问题，一方面有没有人去读，在读的基础上我们强调引领或带出别的相关研究，而不是只有他/她们在发论文，自己玩；另一方面是这些人的研究对整个学术界的风气和状况是否有改变，这个很难说。但是新一代人，有些能参与到国际化过程中，至少他/她们的研究或教学能带来一些国际化的视野，这是有帮助的。例如从发表的角度，从训练学生的角度，或许能带来改变。我觉得这取决于我们怎么判断今天传播学的基本情况，到底是不同范式，还是说我们需要变得更加具有学术性，这个问题在不同人眼中有不同的判断，有的人觉得中国以前不见得是社会科学的范式，但有的人觉得我们就是和西方不一样，也不想变得越来越琐碎，我们关注大的问题。或许会有一个中间状态，关注大的问题，但不能空谈。真正有价值的，是这些大的问题，是如何用一种理论和方法上的设计去把握它。其实我们确实面临很多大的问题，比如说基本架构没有解决，有的人是大而化之的，比较思辨的，都不能说是批判路径。我说的这种思路可能是比较好的，就是抓住大问题，试图用理论和方法层面的东西去把握它。

访谈 8 摘录

研究者：你觉得哪些因素会影响你的论文写作？学校考核？个人兴趣？

受访者 8：是习惯，也就是路径依赖，就是你觉得哪种方式自己更加适应。这种适应分为两个部分，第一个是和自己相关，就是你熟悉的、之前有经验的、做起来比较得心应手的，这样成本比较低，省力；第二个和这个事情本身相关，有的方法你可能没做过，但是它本身是更好的，所以你可以主动去适应，长期来看它可能比你熟悉的东西更加省力。对于国外的论文写作，是有很多影响因素的。政策肯定很重要，如果考核不过，没工作，那你肯定不会写。还有很多学校对海外发表有奖励，但是对我来说，不奖励我也会写。

研究者：你觉得在这种学术实践中最大的收获是什么，有哪些国际上的经验是要去学习的？

受访者 8：这么多年，我和很多期刊打过交道，也帮无数的

SSCI 期刊审论文，我从学术界、从其他学者那里学到很多东西，时间久了，也知道哪些期刊更加适合我。我能够发表一些论文，也是研究了如何符合期刊的规范。其实 SSCI 期刊间差异也很大，有以实证为主，也有以欧洲的批判为主（欧洲的期刊）。做实证，有的偏理论，有的偏实务，也是有差异的。不管什么类型的期刊，只要你在这个领域一段时间后，就很容易上手，知道期刊之间的差异在哪里。找期刊投稿的时候，就能有针对性地选择。不是投个期刊就能中，不是。对我来说，即使拒了我的稿子，我也有心理准备，比如说投这本期刊时觉得有些不足，但是我希望它给我提建议。因为它的评审方式决定了拒了也给你提建议，我知道它会拒我，但是我希望它给我建议，然后我再投一个稍微差点的，成功率一下子就高很多。第一次投好的期刊，成功和不成功的概率都是一样的。所以投一个好的期刊，收获会非常大。评审会非常无私地提出改动建议，我觉得受益很大，而且我作为评审时也会非常仔细认真地提建议，整个体系都是这样，不论是作者还是评审，都是非常专业的，将这种专业精神发挥到极致，谁也不应付差事。

研究者：你怎么看待学术本土化的问题？

受访者8：我想说一些不同的观点，我们应该包容不同的观点。因为现在回到国内高校工作，大家都在提本土化概念。我的观点可能是偏激的，对于海外回来的学者，所谓本土化，就是要按照国内游戏规则做事情。你在海外也可以做国内的议题，很多美国学者也在做有关中国的研究，只要你感兴趣，在哪里都可以做。对于本土化，你要遵循的不是国外的学术规范，而是国内的游戏规则。国内的各种操作规范你要服从，不要挑战，这就是本土化。所以我的观点可能是批判性的。别人说海归要本土化，本土学者要国际化，我觉得很奇怪，只要是学者，喜欢什么就做什么，可以做中国研究，也可以做跨国研究。很多人也希望你在国内学术圈建立影响力，发中文期刊，参加国内会议，这是他/她们对于本土化的解释。

研究者：那么知识和理论呢？

受访者8：我个人认为理论没有地域的界限，地域的界限只是一个观点，达不到理论的层面。因为理论能解释世界各地的现象，虽然有差异，在中国显著的，可能在美国不显著。理论不显著，只能说明有局限性。如果有很大的局限性，大家也会衡量它的价值。

社会科学领域有这么多理论，大家心里很清楚什么理论适用性强，什么理论只能解决一个地区的问题，甚至一个地区内都有很多差异。我觉得中国学者提出的传播学理论如果能放之四海而皆准，在任何一个国家的文化中都适用，就是了不起的贡献。现实是，大家都有自己的圈子，有自己认为更重要的研究角度或领域。如果国内期刊喜欢发，这个模式在中国生活得非常好，就根本没有去海外发表的动机了。我为什么一定要在SSCI提出一个本土化的理论，让它来认可。

反而我觉得，有海外训练背景的学者在本土化方面肩负着很大的责任。回来工作，便是希望自己以国内工作者的身份在国际期刊上提出有建设性的理论。

研究者：你会经常参与学术共同体的活动吗？

受访者8：我很少参加会议，这个是会有负面影响的。大家不知道你，也就不引用（你的研究）。我的性格是这样的，我觉得这不是很大的事情。我对学术的心理准备，就是默默无闻、脚踏实地地做研究。影响力不是可以争取的东西。做学者就是要沉得住气，外边是不是知道你，不是学者应该过于刻意追求的东西。对我来说，除了这个，其他方面没有太大影响。你说的学术影响力，不论在国内还是海外，我都不会去追求，这是我的性格使然，也是多年海外训练中那些德高望重的老师对我的影响。不要追求，做好自己的研究。

图书在版编目（CIP）数据

光环背后：中国新闻传播海归学者的身份认同与学术实践 / 苗伟山著 . -- 北京：中国人民大学出版社，2025.6. -- ISBN 978-7-300-33988-7

Ⅰ. G219.2-53

中国国家版本馆 CIP 数据核字第 2025KC6905 号

光环背后

中国新闻传播海归学者的身份认同与学术实践

苗伟山　著

Guanghuan Beihou

出版发行	中国人民大学出版社			
社　　址	北京中关村大街31号		**邮政编码**	100080
电　　话	010 - 62511242（总编室）		010 - 62511770（质管部）	
	010 - 82501766（邮购部）		010 - 62514148（门市部）	
	010 - 62511173（发行公司）		010 - 62515275（盗版举报）	
网　　址	http://www.crup.com.cn			
经　　销	新华书店			
印　　刷	涿州市星河印刷有限公司			
开　　本	890 mm×1240 mm　1/32		**版　　次**	2025 年 6 月第 1 版
印　　张	8.375 插页 4		**印　　次**	2025 年 6 月第 1 次印刷
字　　数	173 000		**定　　价**	79.80 元